高校学术文库
体育研究论著丛刊

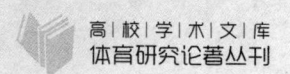

传统武术文化教育发展审视

权黎明 著

中国书籍出版社
China Book Press

图书在版编目(CIP)数据

传统武术文化教育发展审视 / 权黎明著. —北京：
中国书籍出版社，2017.11
ISBN 978-7-5068-6613-2

Ⅰ.①传… Ⅱ.①权… Ⅲ.①武术－传统文化－
教育研究－中国 Ⅳ.①G852

中国版本图书馆 CIP 数据核字(2017)第 297049 号

传统武术文化教育发展审视

权黎明　著

丛书策划	谭　鹏　武　斌
责任编辑	张　文
责任印制	孙马飞　马　芝
封面设计	马静静
出版发行	中国书籍出版社
地　　址	北京市丰台区三路居路 97 号(邮编:100073)
电　　话	(010)52257143(总编室)　(010)52257140(发行部)
电子邮箱	chinabp@vip.sina.com
经　　销	全国新华书店
印　　刷	三河市铭浩彩色印装有限公司
开　　本	710 毫米×1000 毫米　1/16
印　　张	15.75
字　　数	204 千字
版　　次	2019 年 6 月第 1 版　2019 年 6 月第 1 次印刷
书　　号	ISBN 978-7-5068-6613-2
定　　价	62.00 元

版权所有　翻印必究

目 录

第一章 传统武术学科建设研究 ………………………………… 1
　第一节 传统武术发展历程 ……………………………………… 1
　第二节 传统武术的概念与内容 ………………………………… 18
　第三节 传统武术学科及发展概况 ……………………………… 25

第二章 传统武术文化与国家精神培育 …………………………… 30
　第一节 武术内涵与中国传统文化 ……………………………… 30
　第二节 传统武术文化与社会主义核心价值观 ………………… 48
　第三节 传统武术文化与和谐社会建设 ………………………… 55

第三章 传统武术教育价值及实现 ………………………………… 63
　第一节 传统武术教育价值的演变研究 ………………………… 63
　第二节 传统武术教育价值的属性 ……………………………… 71
　第三节 传统武术教育价值的基本构成 ………………………… 74
　第四节 传统武术教育价值的实现策略 ………………………… 88

第四章 传统武术健身的发展策略 ………………………………… 93
　第一节 全民健身战略与健康中国建设 ………………………… 93
　第二节 传统武术健身价值及开展情况分析 …………………… 111
　第三节 传统武术健身的指导与科学发展 ……………………… 117

第五章 传统武术教学的发展策略 ………………………………… 126
　第一节 我国传统武术教学的情况分析 ………………………… 126
　第二节 影响传统武术教学发展的因素 ………………………… 137
　第三节 传统武术科学教学模式的探索 ………………………… 140

· 1 ·

第六章 传统武术竞技化发展的策略 …………… 155
第一节 现代竞技体育与传统武术的交锋 ………… 155
第二节 我国传统武术竞技化发展的现实状况 ……… 165
第三节 传统武术竞技化发展的科学探索 …………… 172

第七章 传统武术发展的人才培养策略 …………… 184
第一节 我国传统武术人才培养的现状与问题 ……… 184
第二节 我国传统武术人才资源的开发 ……………… 202
第三节 我国传统武术人才培养的策略 ……………… 210

第八章 传统武术的可持续发展策略 ……………… 214
第一节 全球化与可持续发展理念 …………………… 214
第二节 我国传统武术的文化传承与传播 …………… 217
第三节 传统武术可持续发展道路的科学探索 ……… 231

参考文献 …………………………………………………… 244

第一章 传统武术学科建设研究

现代学科的不断发展与完善为构建传统武术理论学科体系提供了非常重要的科学平台。在众多传统武术学者和专家的不断研究和探索中,传统武术现代学科体系逐渐形成,推动了传统武术理论的发展,并为传统武术的研究提供了一定的学科基础。本章主要就传统武术学科建设进行研究,主要内容包括传统武术的发展历程、传统武术的概念与内容以及传统武术学科及发展概况。

第一节 传统武术发展历程

一、传统武术的起源

(一)传统武术的雏形

传统武术主要起源于人类的生产活动中。在远古时期,人类面临的生存环境具有"物竞天择,适者生存"的特征,与兽类进行争斗是人类猎取食物、生存下去的必要途径。指抓掌击、拳打脚踢、跳跃翻滚等是人类与兽类争斗中采取的主要进攻与防守手段。但是,这些攻防方法是人们本能的反应,这些身体动作具有随意性和自发性,人类还没有意识到要专门练习一些搏杀争斗的技能。早期的攻防技能较为简单随意,却为传统武术的产生奠定了基本的条件,这些技能也促进了传统武术的萌芽。

对石制或木制工具的制造和使用,在原始社会就已经出现了,这些工具主要被人类用来打野兽,猎取食物。考古学家发现,尖状的石制工具如石球、石器具等在旧石器时代就已经被制造出来了。石斧、石铲、石刀、铜斧、铜钺等工具在新石器时代末期也逐渐开始出现。由此可以看出，人类是在与兽类争斗中对大量的搏杀技能进行学习与掌握的，对这些技能的掌握大大提高了原始人类的生存能力和适应能力。

人与人之间的战争使得传统武术真正得以萌生。《吕氏春秋·荡兵》记载："未有蚩尤之时，民固剥林木以战矣。争斗之所自来者久矣，不可禁，不可止。"从这一记载可以看出，我国远古时期人与人之间通过争斗来抢夺食物、领地的现象最早并不是出现在原始部落的大规模战争中，而在这之前就已经出现了，而且这种争斗十分普遍，在争斗过程中，人们为了提高自己的战斗力，使用大量生产工具作为自己的作战武器，此时的生产工具又被赋予了新的用途。在人类的争斗中，在大规模的战争中，具有搏击效果的生产工具得到了大量的使用，如投掷器、弓箭、棍棒、刀斧等都成为人们的主要战斗武器，被用于战争中的生产工具极具杀伤力。随着战争规模的扩大和激烈性的增加，单纯的器械已无法满足人们作战的需要，因此使用器械的技巧和战争中的格斗技术逐渐分离出来，并按照一定的规律朝着武术方向演进。

原始氏族之间开始出现大规模的战争是在原始社会末期，这种战争是有组织的，如黄帝与蚩尤之战、黄帝与炎帝之战、三苗的战争、夏禹伐九黎等。随着战争规模的不断扩大，原始武术在这一过程中也逐渐形成。为了在战争中发挥更强的战斗力，原始部落组织人们进行演习操练，提高人们运用击刺动作的熟练性，增强士兵的作战能力，在演练中，传统的群体组合也逐渐出现，这促进了"武舞"（战武）的萌生。

原始社会的战斗技术水平在"武舞"中具有一定的体现，通过"武舞"的操练，不仅可以丰富士兵的军事知识，提高士兵的身体素质与作战技能，还能够培养士兵良好的练武习惯，而这些对于士兵而言，对于部落取得战争的胜利而言，都是具有重要意义的。总之,"武舞"的形成反映了人类对古代武术的认识从感性上升到了理性的程度。跳"武舞"逐渐成为人们在狩猎、作战前或之后必不可少的一项活动。在跳"武舞"的过程中,士兵可以更加熟练击刺杀伐的动作,从而获得更强大的力量。

史籍记载,在大禹时期,三苗部族不断反叛,虽然进行了多次的战争,但也没有解决这一问题。后来,禹命令士兵停止继续进攻,组织士兵拿着斧、盾在战场上操练,这就是"干戚舞",因动作刚劲有力,气势雄浑,散发出了强大的力量,所以,三苗部族的人被震慑后迅速投降。作为"武舞"的主要内容之一,这次的"干戚舞"成为原始社会非常著名的且声势浩大的武术自卫演练活动。"干戚舞"中的动作是人们在长期的战争实践中总结出来的,具有攻防属性,这些攻防技能为后来武术套路的形成奠定了非常重要的基础。

原始"武舞"的痕迹在近代依然存在,尤其是在原始风貌明显的民族风俗活动中,我们能够看到"武舞"的影子,如"东巴跳",这是云南纳西族的祭神"武舞",在祭祀活动中,数十上百人手拿着武器一起狂舞。原始武术的图像在原始岩画中也有,在一些画有原始武术图像的原始岩画中,战士排成横列,右手将短戈高举,傲然屹立;还有一些战士一手持盾,一手执武器,屈膝下蹲呈马步姿势,将原始武术的威武形象展现得栩栩如生。

(二)传统武术的形成

传统武术虽然起源于原始斗争中,但其还未形成有组织、有计划、有目的的体育活动,只是处于萌生阶段,是原始文化的一个重要组成部分。我国历史步入阶级社会后,传统武术才真正开始形成。

奴隶社会时期,萌生于生产活动中的武术逐渐分离出来,作为一项军事技能被统治阶级利用,这时武术的发展呈现出专门化、复杂化的特征。夏朝的教育机构中出现了武术教育内容,主要向学生传授各种武艺,组织学生演练武艺。当时"手搏""手格""股肱"等是主要的武技内容。

殷商时期,随着传统武术训练的不断发展,训练手段也逐渐增加,田猎作为一种新的训练手段在这一时期发挥了重要的作用。在农业经济社会,人们生存的手段逐渐转向了农业领域,田猎作为谋生手段的功能开始弱化,而其军事功能却不断凸显。在田猎过程中,士兵驱驰车马、弯弓骑射,可以锻炼自己的军事技能,有关田猎的记录在殷商甲骨文中就有。这一时期青铜冶炼技术也得到了一定程度的发展,受此影响,能够促进武术杀伤力提高的精良兵器大量出现,有戈、矛、戟、钺、斧、刀、剑等。商朝训练士兵时,为了鼓舞士气,还大量采用"武舞"的手段。

西周时期,"六艺"成为针对贵族子弟训练的主要内容,这也是统治者巩固贵族专政的一项手段。"六艺"中有些训练内容与武术的关系很密切,如"射"(射箭)和"御"(驾驶战车)。"乐"也是"六艺"中的一个重要内容,是一种舞蹈,主要动作是向东西南北四个方向分别击刺四次。因为动作的特殊性,所以,有人将这种套路称为"打四门",该套路对传统武术的发展产生了深远的影响,在传统武术基础套路和传统套路中也能够看到这些动作。另外,此时学校还专门请一些将帅上武术课,促进了古代武术文化教育的发展。

春秋战国时期,诸侯之间的竞争十分激烈,随着战争的频发,武术格斗技能的发展上升到了一个新的高度。当时,诸侯各国十分注重选拔作战的人才,选拔人才的过程中主要看士兵的臂力、拳技及筋骨强壮性。《管子·小匡》记载,齐国为了使本国不断强盛,改革兵制,命令官兵训练实战武技,而且大量征集民间的武术人才,鼓励人们自荐,如果发现有识之士不自荐,就要问罪。齐国为了选拔更多的人才,每年春秋两季都会举行"角试",武艺高强的人才是重点选拔对象,被选中的人才要随军队作战。因为齐国重视武艺的训练,所以,军队作战能力很强,在战争中发挥了重大的优势,这也是齐国后来能够成为霸主的主要原因。

第一章 传统武术学科建设研究

武术教学在春秋战国时期也有新的发展,这从记载在《列子·汤问》中的"纪昌学射"的故事中就能够反映出来。故事中讲到,甘蝇是一位射箭高手,只要一开弓,就能使野兽伏地,飞鸟掉地。弟子飞卫向师傅甘蝇学习射箭的本领,学成后射技高于师父。后来纪昌为学习射箭,想要拜飞卫为师。飞卫说,要学射箭先要有不眨眼睛的本领,你先学习这个本领,然后再拜我为师。纪昌听后回家躺在织机下,两眼紧盯踏板,一动不动,而且就这样坚持了两年,练好了不眨眼的功夫。于是找飞卫拜师。飞卫说,光不眨眼还不够,还要掌握看的本领,等你可以把非常小的东西看得很清楚,再拜我为师。纪昌听后回到家,将一个虱子捆在牛尾毛上,在窗口上悬挂牛尾毛,一动不动地盯着看,坚持三年后,他眼里的虱子大得像车轮,而且看其他物体也非常大。纪昌准备试试射箭,于是取了一张弓和一支箭射向虱子,箭正穿虱子中间,而牛毛依然完好。纪昌高兴地找飞卫说明了情况,飞卫说,你不用拜我为师,自己就学到了射箭的技术。该故事反映了当时人们非常重视射箭,射箭之风盛行。

奴隶制崩溃后,武艺逐步出现在民间百姓中,发展越来越多样化,突破了单一的发展。民间习武者喜欢相互比试武艺,在比武过程中对攻防技巧非常重视,而且出现了反攻、佯攻等多种进攻形式,从而促进了武术技能的提高。而且,随着传统武术的不断发展及武技水平的提高,武术理论逐渐从实践中脱离出来,并取得了一定的发展。

《吴越春秋》记载,"越女"是越国非常有名的女击剑家,其不仅剑技高超,而且有自己的一套专门的技击理论。越女认为,剑术并不像人们表面看上去那样浅显容易,其包含非常精妙而又深邃的道理,如门户开合、阴阳变化等都是需要人们重点掌握的理论。在剑术练习中,要保持充沛的精神、沉稳的姿势以及安详的神态,宛若文静的少女,但和别人交手时,别人能够感觉到自己强大的威力,会慑服。越女的剑术理论对一系列矛盾的关系作了清晰的阐释,如动与静、攻与防、快与慢、虚与实等,这是较早的武术技击理论,为后代剑法的发展奠定了重要的理论基础。后人王充曾称赞说:"斗战必胜者,得曲城越女之学也。两敌相遭,一巧一拙,其必胜者有术之家也。"意思是打斗中的得胜者一定是领悟了越女剑术理论中的精髓。

在春秋战国时期的战场上,剑术是士兵战争杀敌的重要手段,除了这一特殊的作用外,剑术也是一种表演艺术。不管是作为打仗的手段,还是作为娱乐的手段,剑术的好坏都与格斗者的生死存亡有直接的关系,可见,剑术是一项非常重要的实战武技,实用性很强,并非华而不实。在剑术格斗中,一般先用假动作来迷惑对方,待对手做出相应的动作时,再动手,动作要急如闪电,虽然这是后发制人,但却能取得良好的效果。庄子曾这样评价剑术:"夫为剑者,示之以虚,开之以利,后之以发,先之以至。"可见,我国的传统武术技击理论早在 2 000 多年前就比较成熟了,技击理论的成熟是我国传统武术体系逐步形成的重要标志。

(三)传统武术的分支

公元前 221 年,秦始皇实现了中国大一统的伟业,使得诸侯之间持续了很长时间的战争停止。为了避免再次发生战乱,统治者不允许民间百姓学习武术,这在一定程度上影响了传统武术的发展。

汉朝时期,社会发展繁荣鼎盛,不管是政治、经济,还是文化、军事等都取得了新的进步与发展,在这一社会背景下发展传统武术是具备有利条件的。汉、匈之间屡次交战,武术再次引起统治者的重视,随着民间习武的盛行,逐渐出现了武术分支雏形。曹丕在《典论·自序》中谈到剑术已有"法",而且各异,可见,武术流派确实已经形成。

魏晋南北朝时期的战争主要有两种类型:一类是阶级之间的斗争,一类是民族战争,这两种战争都很激烈,也促进了各种武技的发展,不同的武技既相互制约、相互对抗,又相互影响、相互作用,这一矛盾关系促进了不同武技的全面进步与发展。这

第一章 传统武术学科建设研究

一时期民间武术非常普及,为隋唐武术的发展奠定了良好的群众基础。

1.拳术

在传统武术中,各种徒手技法都可以称作拳术,拳术在武术中的地位十分重要。《诗经·巧言》记载:"无拳无勇,职为乱阶",这是拳术开始萌芽的主要反映。我国古代拳术取得大的发展是在汉朝时期,最早记述拳术的著作是《汉书·艺文志》。

徒手拳术表演和比赛深受汉代统治阶级的重视。《汉书》中记载,高雅、有情趣、不好声色的汉哀帝是一个十足的"卞戏"(带有武术性质)迷,非常喜欢看"卞戏"。汉代为对武职人员进行选拔,还举行拳技考试,通过这一考试选拔的人才中,甘延寿最后成为后汉时期的一代名将。

汉代的拳术以杀敌防身为主要功能,实用性很强,所以普及很广泛。汉代画像石上就有人与人之间用拳术相搏的画面,栩栩如生。据《汉书·武帝本纪》记载,专门为切磋拳术而举办的擂台赛在汉代民间很普遍,这种拳击擂台赛对观众的吸引力很大,甚至远方的百姓也会聚集在此观赛,可见,民间非常欢迎和喜爱拳术。

汉代拳术中有一些是实用之术,主要用来"防身杀敌",此外,"狗斗舞""沐猴舞""醉舞""五禽戏"等象形舞也是拳术的主要内容,是象形拳术,具有健身性与观赏性。其中"沐猴舞"主要是模拟猕猴的动作,动作特点为前进、后退、曲腰。在广州,西汉南越王墓出土过一件玉雕猴舞俑,猴俑装出猴的脸部表情,如同《西游记》里的孙猴子,右手扬袖过头顶、左肩耸起、扭胯,动作十分滑稽,从中可以看出"沐猴舞"的动作特点。

东汉末年,神医华佗创立了"五禽戏",该功法因模仿虎(威猛)、鹿(安详)、熊(沉稳)、猿(灵巧)、鸟(轻捷)五种动物的动作和神态而得名。虽然五禽戏的动作不具备攻击和防守的属性,但其健身作用非常大,可促进健身者体力的增强,五禽戏的出现和发展在一定程度上影响了后代象形类拳种的发展。

2. 剑术

汉代盛行佩剑之风,皇帝、文武百官都会将一把宝剑挂在腰间。文人学士一般佩带长剑,这是高雅的象征,给人一种能文善武的感觉,历史上有许多文人都喜欢剑术,或者是与剑术有千丝万缕的联系,例如,司马迁的祖先以传授剑术而驰名;司马相如喜欢击剑;鲁肃少年时学习击剑之术等。随着剑术运动参与者的不断增加,汉朝的剑术有了很大的发展。

《典论》记载,有次曹丕和刘勋、邓展两名将军一起喝酒。曹丕曾听说邓展对武术有精细的研究,对各种兵器都很擅长,还能空手夺白刃,于是,针对这个话题便和邓展谈论起来。谈到中途,曹丕说:"我也研究过剑术,而且得到过高人的指点,我觉得你刚才所说的有些是错的。"邓展听后心里不服,要求实战较量。于是,二人以甘蔗为剑对打起来。经过几个回合,曹丕连续多次将邓展的手臂击中,邓展很难为情,但仍然表示不服,要求再战几个回合。曹丕故意说:"我的剑速度快而且力量集中,要击中你的面部是有难度的,所以只是击中了手臂。"邓展要求再较量一番。曹丕知道邓展会猛攻中路,于是佯装进击。邓展果然中计,曹丕迅速退步闪过,迅速出手由上截击,将邓展的额角击中,在场的人连连拍手叫好。

汉代剑术水平十分高超,不同人有不同的剑法风格,这就促进了武术的广阔发展,《汉书·艺文志》中收录的《剑道》有38篇,极大地推动了后代剑术的发展。

3. 武术套路

楚汉之争时期,"鸿门宴"的历史故事历来都是耳熟能详的,项庄舞剑,意在沛公的典故就出于这一故事。

《史记》记载,公元前206年,项羽的谋士范增为了将刘邦除掉,帮助项羽争天下,便邀请刘邦参加鸿门宴。酒宴上,范增已经安排了项庄做好刺杀刘邦的准备。于是,项庄提出舞剑为大家助兴,想借机杀了刘邦。这时,另一楚军将领项伯看出了项庄的意图,便提出双人对舞,以保护刘邦。项庄的剑舞有固定程式,并非随性而起,既有欣赏性,也有攻击性和杀伤力。

项庄舞剑反映出当时的武术已经不是简单的攻防动作,而有了一定的套路形式。可见,用兵器舞练的套路动作在秦末汉初就已经有了,而且有单人演练、双人表演等不同的形式。武术中剑术套路的发展由此而来。

二、传统武术的发展与成熟

传统武术具有健身防身的作用,这也是其能够繁衍至今且日益发展的主要原因之一。武术可以使百姓强身健体、陶冶性情的需要得到满足,可以使人们反抗压迫,御强抗暴。因此,在封建社会中,百姓对武术的感情很深厚,希望通过习练武术来摆脱欺凌和迫害,武术广泛的群众基础促进了其自身的长远传播与持久发展,同时,也促进了独特的武术民族风格的形成。

隋唐是中华传统武术的大发展时期,在这一时期,武术器械种类越来越多,形制越来越复杂,各种兵器、武艺百花齐放,呈现出多样化趋势,武术表演项目的发展也有了很大的进步。

明清时期,武术迎来了大繁荣的时期,形成了众多流派,不同风格的拳种和武术器械都得到了不同程度的发展,作为健身手段、军事技术、表演技艺的武术,因价值多元而得到了越来越多的人的认可。

新中国成立后,党和政府非常注重对传统武术运动的普及和研究,从而促进了武术运动的持续发展。武术的健身、防身、自卫等作用使其具有较强的时代适应能力,在新时期得到了新的发展。

(一)"武举制"的出现

隋文帝统一中国后,废弃了"九品中正制",建立新的选才制度,提倡以文取士,目的是选拔更优秀的人才。隋朝虽然短时间就灭亡了,但它使得中国数百年来的分裂割据局面结束,实现了全中国的统一,对较完备的国家机构进行了建立,对促进后代的发展做出了重要的贡献。

隋灭亡后,唐承隋制,仍采用科举制度进行选才。公元702年,武则天以科举选才为基础,首次创立新的选举制度——武举制,以武选才的先河由此开创,并延续了1 200年,该制度的实施在推动武术发展中发挥了重要的作用。《文献通考》记载:唐代武举制的内容有"长垛马射、步射、平射、筒射,又有马枪、翘关、举重、身材之选。翘关者长一丈七尺,径三寸半,凡十举,右手持关,距出处无过一尺;负重者,负米五斛,行二十步,皆为中第"[①]。由此可知,唐代实行的武举制不仅注重对武艺、力量的考核,而且身材、体格也是非常重要的选拔指标,军队将官必须具备良好的身材、体格,具备良好的身体素质及高超的武艺。

武举制一直延续到公元1901年才被废止,历经了不同的朝代,因此内容上也有不同的变化,但无论如何变化,唐朝的武举制始终都是参考的基础。武举制的实施激发了百姓的习武热情,推动了练武活动的开展,不管是官方还是民间,习武之风都很盛行。唐朝在实行武举制度的过程中发现了大量的人才,如郭子仪就是在武举制中选拔而来的,其在平定安史之乱中做出了重要的贡献,受到后世的敬仰。

唐朝除推行武举制来选拔人才外,还制定了各种办法来对习武者予以奖励。有一技之长的人只要在相关活动中展现出自己的技艺,就可以获得物质奖励和朝廷颁发的荣誉称号。例如,将"伎术之士"的称号授予力大无穷者;将"矫捷之士"的称号授予马术高超者;将"猛毅之士"的称号授予能拉巨弓,会长矛和剑器的人。这些措施促进了尚武任侠之风在唐代的形成与扩散。

随着练武风气逐渐兴盛,唐朝出现了许多能人志士,如李元

---

① 华博.中国世界武术文化[M].北京:时事出版社,2007.

吉骁勇善战,李世民"结纳山东豪杰",在秦王府蓄养"勇士"八百余人,其中有广为传颂的程咬金、尉迟恭、秦琼等历史人物,这些武将武艺超群,各有自己的擅长和风格,如尉迟恭可以空手夺枪,在战场上敢单枪匹马杀敌,而且也不会被敌方伤到,对方击来枪反而会被他夺走从而将敌人刺杀,这是一般武将无法达到的水平。

唐朝同样很重视剑术的发展,这一时期也是剑术发展的辉煌时期。虽然军队中用刀代替剑,但民间很盛行剑术。唐朝时期精通剑术的将军有裴旻等人,有一次裴旻邀请吴道子("千秋画圣")去天宫寺作壁画,吴道子不接受裴旻的酬金,以"废画已久,神气委顿"为由,要看将军舞剑,以此来提神。裴将军"剑舞若游龙,随风萦且回",吴道子看了不由"挥毫图壁,飒然风起,俄顷而就,若有神助"。唐代"三绝"历来被人称道,分别是裴旻的剑术、张旭的草书、李白的诗歌,可见,作为文体形式的传统武术已有了非常重要的影响。

唐代武人、文人都喜欢剑,前者喜欢练剑,后者喜欢佩剑。唐代著名诗人李白从小就喜欢击剑,25岁仗剑远游,36岁时还"学剑来山东"。他剑术高明,被好友崔琮称赞"起舞拂长剑,四座皆扬眉"。杜甫也学过剑术,他笔下的公孙大娘舞剑更令人叹为观止:"昔有佳人公孙氏,一舞剑器动四方。观者如山色沮丧,天地为之久低昂。霍如羿射九日落,矫如群帝骖龙翔。来如雷霆收震怒,罢如江海凝清光。"由此能够看出,当时的剑术套路水平已经很高了。公孙大娘的剑舞具有舞蹈属性,艺术化加工色彩明显,所以不同于后来以攻防格斗为主题的武术套路。但是发展套路武术需要积累丰富的动作素材,从不同的素材中汲取营养,唐代高度发达的舞蹈尤其是"武舞"对武术套路的发展来说就是非常重要的素材。

唐朝时期是封建社会繁荣发展的鼎盛时期,唐代文化十分开放,中外文化交流频繁。所以,我们可以从唐代武术中看到外来文化的因素,外来文化影响了唐代"武舞"、弓射、摔跤等活动的发展,促进了传统武术文化的丰富与多元。

(二)传统武术民间组织的进一步发展

宋朝时期,阶级矛盾、民族矛盾都很尖锐。战争频发,因此,武备受到了统治者的重视。在宋代的科举体系中,武举也是非常重要的一部分,武举制将三组考试的程序确定下来,并确定了考试的方法,即策论兵书在内场考、武艺在外场考,这一时期的武举制度比唐朝时期更规范、公正。宋朝的军事训练方法较为统一,考核标准也比较统一,促进了军事训练规范化、系统化的发展。随着兵器种类的不断增加,武艺发展的多样化趋势也越来越明显。

宋朝时期的武术运动不仅在军事领域得到了很大的发展,而且在民间的发展也取得了很大的进步,受战争及尖锐社会矛盾的影响,广大农民自发建立社团,传授与学习武术,以备战御敌,武术组织由此不断发展壮大,其中有些组织规模较大,影响力也很大,如"弓箭社"。弓箭社作为规模较大的一个民间组织是百姓自发成立的,入社者要自己准备一张弓,三十支箭。早期出现在河北北部地区的弓箭社是在乡社的基础上建立起来的,参与该社团活动的人非常多,该社团也逐渐出现在更多的地区。随着社团的成立,民间习武爱好者团结起来,以乡为社,在农闲时积极习武。总之,在传授民间武术,推动武术交流与发展方面,"社"的出现提供了非常重要的条件。

除弓箭社外,宋朝知名的"社"还有忠义社、巡社等,这些组织的成立主要是为了习武抗金。因为受到了统治者的支持,习武的组织在大江南北遍及开来,这些组织中传授的武术以实用之术为主,注重发挥武术的军事作用,民间组织的成立推动了武艺在民间的进一步发展。宋仁宗时期,棍子社(河北)、霸王社(山东)、亡命社(扬州)等以反抗压迫为主的习武组织在民间开始出现,这些组织中传授武技的人一般被称为"教头"。虽然官方禁止这些组织活动,但民间结社习武的现象依然十分普遍。

第一章　传统武术学科建设研究

宋朝时期,商业的繁荣发展和不断壮大的市民阶层促进了武艺结社组织在城市中的形成发展,这些组织主要以健身、娱乐为目的。此外,城市中还出现了"瓦舍""勾栏"等一些游艺场所,这些场所带有群众性,目的是满足市民的娱乐需要。大量以表演武艺谋生的职业民间艺人在这些场所出现,他们表演的武术统称"百戏",主要包括踢腿、角抵、使拳、使棒、弄棍、舞剑、舞刀、舞枪以及打弹、射弩等内容。这些表演既有单练形式,又有对练形式,促进了武术套路的发展,武术发展的表演化趋势也越来越突出。

南宋时,"相扑社""角抵社""英略社"(以习练棒术为主)等民间武艺结社组织出现在都城临安。角抵社是摔跤组织,由民间相扑艺人自发成立,分三回合进行摔跤比赛,不管是场地、规则还是仪式,都类似于今天日本的相扑,拽直拳、使脚剪可以出现在比赛中。在瓦舍中表演的情况居多,还有大量的民间艺人参加"露台争交",优胜者可获得物质奖励和官职奖励。这些民间组织的成员都很多,其中不乏职业习武者,不同组织的成员也有专门的称谓,如角抵社的专业角抵手被称为"好汉",弓箭社的职业习武者被称为"武士"。

除角抵、手搏等对抗性武术外,套子武艺的发展也有很大的进步,其不仅在军事训练中有很重要的地位,在民间也有了新的发展,按一定规律演进发展的套子武艺促进了中国古代传统武术基本格局的形成。

古代典籍中有关于"十八般武艺"的记载。《翠微北征录》(宋·华岳著)中记载:"臣闻军器三十有六而弓为称首,武艺一十有八而弓为第一。"主要强调在战争中弓箭的重要地位,同时反映了当时的兵器种类繁多。有关宋代武艺的发展,从当时的杂剧、戏文、小说中也能够反映出来,如《水浒传》《说岳全传》《杨家将》等,描写的主人公大都是武艺高强、功夫独到的杰出人物,可见,武术在宋代的发展已经达到了很高的水平。

元代存在着非常尖锐的民族矛盾,所以,民间习武之风受到了蒙古贵族统治者的限制,习武组织也纷纷解散或转为秘密组织,这严重阻碍了传统武术的发展。

(三)传统武术流派的大发展

元朝的统治在元末农民起义中被推翻,1368年,朱元璋建立明朝后,中国传统武术重见光明,且发展突飞猛进,进入了新的发展阶段。

明朝建立后,蒙古瓦剌部与明廷的矛盾非常尖锐,我国北方地区面临着严重的军事威胁。同时,日本西部地区破产的封建主、武士、商人、浪人等受到日本封建诸侯的支持,在我国东南沿海地区实行烧、杀、抢、掠的野蛮活动。明朝面临着抵御倭寇的重要任务,因此十分注重军事的发展,作为军事手段的武术自然也得到了重视,明代是传统武术集大成发展的重要时期。

随着明代传统武术的不断发展,武术有了新的分类方法,不再以刀、枪、棍等器械为依据来分类,而是以流派分类,不同地区的流派形成了不同的风格。如拳术分为内家拳、少林拳、长拳、猴拳等几十家;同时,一些拳种还形成了自己的拳种体系,如形意拳、太极拳、八卦拳等。戚继光在《纪效新书》中记载:"宋太祖三十二势长拳、绵张短打、温家七十二行拳、三十六合锁、山东李半天之腿、鹰爪王之拿、千跌张之跌、张伯敬之打……共十六家拳法。"可见,当时的拳术颇有百花齐放发展之势,擅长某种拳种的人,其姓氏会被用来命名拳名,拳术体系逐渐完善起来,这也是中国武术体系形成的重要标志。

朱元璋重视文武全才,主张习武之人多学习礼仪知识,文人多学习骑马射箭等武艺,这一思想推动了明代武术的大发展。明代不但有很多拳法,而且也有丰富多彩的器械套路,开始有势有法、有拳谱歌诀。可见,传统武术从军事格斗技术中脱离出来后慢慢形成了新的运动形式,且以套路为主。

在传统武术的传承中,早期以口传身授的形式来保留一些技巧,很少有相关的文献形式。明代受文武全才思想的影响,有关武术的文献著作非常之多,而且有相关的配图,使得珍贵的武学遗产得以保留,使后世学者在武术研究中有了可参考的素材和理论依据。这一时期重要的武术专著有《武编》(唐顺之)、《纪效新书》(戚继光)、《耕余剩技》(程宗猷)、《正气堂集》(俞大猷)、《江南经略》(郑若曾)、《手臂录》(吴殳)、《阵记》(何良臣)、《武备志》(茅元仪)等。

清朝时期,满洲贵族限制民间练武,限制民间各种形式的武术活动,以此来为维持自己的统治地位。但因为当时武术的群众基础非常广泛,而且反清复明组织也大量出现,所以,人民群众习武练功的现象从未消失,反清复明者希望通过习练武术,提高技能,来推翻清朝统治,在这一过程中不同流派的武术都得到了一定的发展,如外功、内功;南派、北派;太极门、形意门、八卦门;少林派、武当派;长拳类、短打类等。武术流派林立是传统武术兴旺发达的重要象征,但因为各派之间交流较少,所以,无法形成良性的发展局面。

内功是武术中一个比较特殊的分支,其在清代开始形成。这一流派是在结合道教养生、内丹术和导引术等传统文化的基础上衍生形成的,包括许多新的拳种,有形意拳、太极拳、八卦掌等,这些拳种的共同特点是注重内练,不同拳种在这一时期都得到了迅速的发展。此后,在军事领域中,冷兵器的地位下降,武术从传统文化中不断吸收新的养料和新鲜的血液,以此来促进锻炼形式的丰富和技法理论的完善,可见,传统武术在沿着体育方向发展的过程中具有了很强的适应性和时代性。

(四)传统武术文化的成熟

清末民初,西方文化及西方体育传入我国,提倡国粹体育的呼声在社会中日渐高涨,我国人民开始重新认识中国传统武术,社会上兴建新兴社团,这些社团的主旨是研究武术和开展武术活动。在内忧外患的困境中,有识之士反思中国武术的前途,推动传统武术文化的发展。

1909年,上海精武体育会成立,宣扬武术的健身作用,推动武术在城市的传播与发展。上海精武体育会由霍元甲创建而成,霍元甲对中国武术十分精通。1901年,霍元甲在与被称为"世界第一大力士"的俄国拳师的比武中不幸落败,从此立志继续修炼,传播武术,保家卫国,抵御外来侵略,于是他广收弟子,将拳术传授下去。后来,霍元甲又成立精武体育会,以"强国强种""铸造强毅之国民"为宗旨,向人民展示了中华传统武术的威力,鼓舞了士气,集聚了民心,声名远播。

当时,中国工商界、文化界的有识之士对精武体育会给予了很大的支持。中国民间传统武术由此广泛传播,大力发展。精武体育会首次融合武术和海外文化,为中华武术的发展赋予了重要的意义。

几年后,马良邀请一些武术名家对新的武术套路教材进行创编。武术名家集思广益,经过长期的努力最终创编了《中华新武术》。该教材中有对西方体操、兵操的借鉴,并在借鉴的基础上将民间的武术整合成武术操,武术操早期主要在军队传播。

1914年,马良创办"武术传习所",旨在推广"中华新武术",这大大推动了传统武术在我国的广泛普及和进一步发展。"中华新武术"的传播并非以师徒口授单传为主,而是以团体教学和操练作为主要传播手段,这也为学校开设武术课程提供了重要的参考。

随着民间武术发展的不断规范,将武术引进学校教育的呼声越来越高。1915年4月,"全国教育联合会"第一次会议在天津召开,《拟请提倡中国旧有武术列为学校必修课》的提案在这次会议上通过,当时的教育部明确要求各学校传授中国旧有武技,这是武术正式进入学校教育的重要标志。随着武术教育的发展,武术研究也受到了重视,主要表现就是武术论著的出现,如《内家拳研究》《少林武当考》《太极拳浅说》等,从这些著作的内容可以看出,学者在研究武术的过程中,越来越重视对现代科学观点的运用。总之,民国时期的传统武术有了极大的发展。

1923年,第一次中华全国武术运动大会在上海举办,这是中国体育史上第一次武术单项运动会,旨在推动武术的观摩与交流。参赛的有北京体育研究社、精武体育会等,共计20多个单位,400多名运动员。这次运动会突破了传统武术街头表演、庙会献技的形式,采用近代体育的竞赛形式,体现了传统武术的竞技化发展趋势。

新中国成立后,传统武术运动在我国各个地区蓬勃开展起来,不仅有武术汇报表演定期举办,还在一些高校设置了武术专业。此外,也组织了大量的专业人员对传统拳术加以继承,广收众家之长,将简化太极拳、初级长拳、中级长拳以及器械套路整理出来。全国各地纷纷建立武术协会来加强民族文化的弘扬和武术活动的开展,随着不断的传播,习武健身者逐渐增加。为规范武术运动的开展,国家还设有专门的机构来组织武术运动,后来,武术也被列为一些大型体育运动会的正式比赛项目。这些措施都推动了武术运动在我国的广泛普及,促进了武术研究工作的大力发展和武术文化的繁荣发展。总之,群众性的传统武术运动在我国城乡各地得到了非常广泛的推广。

20世纪80年代,对外开放的政策大力实施,我国加强了与国外的体育交流与文化交流,并将武术带到国外,展示中华民族优秀武术文化的风采。中国传统武术兼具健身、技击、教育、经济、欣赏等价值,因此吸引了大量的国外武术爱好者参与其中。我国也不断派人到世界各国表演武术,加强与各国各民族的武术交流。目前,欧美等国家和地区也开始发展中国武术,如"全美中国武术协会"在美国成立,少林功夫学校在纽约、芝加哥、旧金山等城市创办等。传统武术还具有社会交往与国际交流的价值,我国将武术运动传播到世界各地,极大地促进了与世界其他国家的交流,促进了体育文化的融合发展,同时,也加深和巩固了同各国人民的友谊。

1999年,武术的发展取得了历史性的突破,具有标志性的事件是国际武联正式成为国际奥委会的国际体育单项联合成员。2001年,北京申奥成功后,国际武联积极为"入奥"工作做准备,最终使武术表演赛出现在了 2008 年北京奥运会的赛场上。通过奥运会这一重要的平台,我们可以向世界各地的人民展示中华武术和中华民族传统文化的魅力。

第二节 传统武术的概念与内容

一、传统武术的概念

随着竞技武术在 20 世纪 50 年代的出现,固有的武术都成了传统武术。学术界引用"传统武术"一词后,对其概念做了不同的界定,具有代表性的有以下几个观点:

(1)我国在新中国成立以前的武术就是传统武术。这是从时间角度做出的界定,比较模糊。

(2)传统武术是形成并发展于我国农耕文明背景下的中华民族传统体育活动方式,主要活动内容包括套路、散手、功法练习,主要传承方式是家族传承或师徒传承,主体价值为提高技击能力,注重体用兼备。这一概念没有将古代军事武术包含在内,古代军事武术与传统武术相互依存、相互转化,并没有特别严格的区分和界限,而且体育并不是古代传统武术的主要功能。

(3)传统武术是形成于中国古代冷兵器时代的民间技击术,它并非现代社会的产物,真正的传统武术只是少数民间武术家传承下来的,是一种艺术收藏,保持原来面目不变是其主要价值。这一说法过于强调传统武术的技击性,将其作为一种古代技击术看待,时间上的说法不合理,近现代都有传统武术。层次上的说法也不严格,不能说传统武术就是民间武术,古代军事、近代国术馆、现代体育院系等都有传统武术。

(4)传统武术是民间各个武术流派的技术总称,是经过我国人民长期实践而积累与发展起来的。这一概念对武术的内涵特点、价值功能没有过多的涉及。

(5)传统武术是我国劳动人民在与大自然长期斗争的过程中

逐渐总结创编而成的一个民族传统运动项目,具有技击性、健身性、观赏性特征,历史悠久,源远流长,是我国非常宝贵的文化遗产。这种说法虽然比较客观,但也有不足的地方,严格来说,人类与大自然的斗争只是促进了传统武术的萌芽,技击武术真正产生于人与人的激烈斗争中。

(6)传统武术指的是竞技武术以外的具有"流传有序,体用兼备,理、法、势齐全"的武术拳种。从这一概念的意思来看,只要参与竞技的武术都不是传统武术,这是错误的观点,也有一些传统武术参与竞技,传统武术与竞技武术并没有绝对的界限。

(7)传统武术是中华民族在长期技击活动中,在中国传统文化的影响下,以技击动作为载体,以提高技击能力为目的,融健身性、技击性、文化性于一体的各种自成体系的拳种总和,其注重形神兼备、内外合一。这是比较确切的说法,但内涵和外延不够深化、全面。

综上,我们可以将传统武术的概念界定为:传统武术是在中国农耕文明背景下,在中华民族长期的技击活动中,受中国传统文化的影响,以攻防技击为主要内容,以套路、格斗和功法练习为主要运动形式,以家族传承、师徒传承为主要传承途径,以提高攻防技击能力为主要目的,注重内外兼修,融健身、修心、养生、技击、教育、医疗于一体,各种自成体系的拳种的总称。[①]

二、传统武术的内容

我国传统武术的发展历史悠久,在漫长的发展中,形成了丰富多彩的内容,主要表现为拳种丰富,流派众多,形式多样,对如此繁多的内容进行解析与研究,需要先对其进行分类,按照类别来分析更加直观和系统。

武术界一直很重视科学、全面且系统地对传统武术进行分类。随着传统武术的不断发展和社会的进步,传统武术的价值也在逐步变化,武术分类也在不断完善,这种变化与完善使得传统

---

① 段廷进.传统武术的概念界定和多元价值论[J].搏击·武术科学,2007(02).

武术运动越来越向现代化、规范化的趋势发展。因此,下面我们在分析传统武术的传统分类方法、现代分类方法后,从价值论视角出发对传统武术进行新的分类。

(一)传统分类方法

历史上很早就有了对中国传统武术的分类,不同的历史时期有不同的分类方法,有关古籍和史料中都有相关的记载,甚至有的分类方法一直沿用到今天。我国传统武术历史上比较具有代表性的传统分类方法见表1-1。

表1-1 中国武术传统分类方法[①]

划分方法	内容
按地域划分	南派武术
	北派武术
按内外家划分	内家拳
	外家拳
按姓氏划分	杨、陈、吴、孙、武氏太极拳等
	马家枪、杨家枪、石家枪等
	洪、蔡、刘、莫、李家拳等
按门派划分	少林派
	武当派
按流域划分	长江流域武术
	黄河流域武术
	珠江流域武术
按拳术特点划分	长拳类
	短打类
按山脉划分	少林派
	武当派
	峨眉派

---

① 蔡纲,丁丽萍.中国武术的分类[J].上海体育学院学报,2007(05).

表 1-1 中的分类方法形成于武术发展的不同历史时期,经过了长期的演变流传至今。在武术的传统分类中,不同时期、人物和特定背景是主要影响因素,这些分类方法可以简单概括武术的历史发展。但是,因为历史条件的限制,这些分类方法的缺陷也是显而易见的,如分类单一、笼统,内容模糊、概括片面等。

整体来看,这些分类方法都具有片面性,即只能够将武术的部分内容呈现出来,而无法对武术的整体内容进行全面的概括,而且分类层次也比较浅显,如以姓氏命名的流派还停留在较低的表层上,无法呈现出传统武术的全貌与整体。

(二)现代分类方法

从新中国成立到 20 世纪 70 年代,社会上流传的传统武术分类法侧重于根据不同拳术的技术特点来进行分类。因为当时开展的武术运动类型比较少,所以,武术主要以套路运动这一单一形式为主要内容。20 世纪 70 年代末,武术搏斗运动形式重新出现,促进了武术分类方法的新发展,当时主要将我国传统武术分为两种形式,具体包含五个不同的类别。这种分类方法至今在武术教材中仍可以看到。

近年来,"传统武术"和"竞技武术"的两分观点在武术界逐渐形成,并且影响很大,在这一分类的基础上,许多武术学者及专家对这两种类型的武术进行了相应研究,为两种类型武术运动的发展提供了重要的理论依据。

《中国武术教程》提出,现代武术从传统武术中吸取技法结构,并以此为基础不断发展,价值取向的变异非常明显。现代武术更具有突出的竞技价值和健身价值,它的多元化发展趋向越来越明显。所以,提出以价值功能为依据对武术类型进行划分的观点。

从表 1-2 的武术现代分类方法可以看出,依据时间概念、运动形式、价值功能来对传统武术进行分类的方法,虽然比传统分类方法更具科学性和规范性,更能够全面分析与归纳中国武术的基本内容,但也存在缺陷与不足,如《中国武术教程》虽然提出应从价值角度出发对武术进行分类,但并没有详细说明武术的"价值"是什么,而只是笼统地依据武术的价值功能将其划分为"健身武术""竞技武术""实用武术"和"学校武术"等几种类型。所以,虽然分类方法有了进步,但仍不够清晰和全面。

表 1-2　中国武术现代分类方法[①]

划分方法	内容	说明
按运动形式划分	套路运动	拳术
		器械
		对练
		集体表演
	搏斗运动	散打
		推手
		短兵
按价值功能划分	健身武术	
	竞技武术	
	学校武术	
	实用武术	

传统武术发展至今,是以多内容、多形式、多类别以及多层次、多功能的特点相互紧密联系的整体而显现的。所以,应在分类中全面展现武术的这些特点。

综上,在现代背景下对发展至今的传统武术进行分类,更有利于推动传统武术的发展和推广。

(三)从价值视角对武术的分类

传统武术的价值是传统武术这一客体对参与武术实践活动的主体所具有的凭证和参考意义。

---

① 蔡纲,丁丽萍.中国武术的分类[J].上海体育学院学报,2007(05).

第一章 传统武术学科建设研究

传统武术价值是以实践活动为中介的传统武术客体对实践主体的意义,它主要体现在传统武术满足实践主体的需要方面。人类在漫长的历史发展中产生了利用传统武术从事实践活动的需要,另一方面又将武术客体和主体及其需要联结起来,使二者相互作用,从而使传统武术的潜在价值向现实价值转变,因此说实践活动是传统武术价值得以实现的主要途径。

传统武术价值反映了传统武术客体和参与主体的特定关系,体现了传统武术的属性与参与主体的实际需要的统一。传统武术价值是一种抽象的"意义"或"作用",并非实体概念,更多的是体现了一种关系,将客体与主体联系起来。在主客体的这种关系中,武术作为客体,构成了武术价值的物质基础,离开该客体及该客体的属性,就谈不上武术价值;主体及其需要是实现武术价值的必要条件。因此,武术价值既包含武术客体的属性,也包含武术主体的需要,是主客体属性与需要的统一。

从价值视角出发来划分传统武术的类型,更能够将传统武术的本质属性客观地反映出来,从而将中国武术固有的价值形态展现出来。同时,传统武术是中华民族传统文化的历史"积淀",各种表现形式基本上都具有健身、攻防、养身、审美等价值,但随着传统武术的不断变迁与发展,其价值也会随着时空间条件、主体客体属性以及特定背景等因素的变化而发生变化,这反映了传统武术价值的相对性特征。例如,新中国成立后,随着社会经济、文化的快速发展,以及人们价值观的改变,武术价值产生了明显的变化。一些传统武术套路从本质上发生了变化,成为以技击动作为载体的艺术表演形式。20世纪50年代后期发展起来的竞技武术套路也说明了武术价值的变化。有些武术内容本质上便成为健身、养生术,比之前更加纯粹,价值更加凸显;有些内容将传统的攻防技击传承下来,在此基础上不断发展,这都反映了在现代社会背景下传统武术的发展态势。因此,依据传统武术在现代社会背景下的价值形态,可以将其划分为三种不同的类型,见表1-3。

表 1-3　传统武术价值形态分类方法①

类型	内容	价值
技击武术	短兵	防身自卫 维护治安
	长兵	
	竞技散打	
	军警武术等	
技艺武术	各拳种竞技套路	娱乐价值 审美价值 观赏价值等
	艺术演练性的套路	
养生武术	与养生、导引、气功结合的健身武术	增进健康 强身健体 修身养性
	各拳种修身功法及健身套路	
	太极拳等对抗性活动	

从上表能够看出，以价值视角出发对传统武术进行分类的方法，不仅可以将武术的手段价值较充分地阐释清楚，而且可以将武术的价值凸显出来。此外，这种分类方法也使人们对套路与技击关系的争论停止，人们逐渐认识到并不是所有的武术套路都是攻防技击的基础，也不是所有的武术套路都与技击没有关系。该分类方法将武术发展理论的基本概貌清晰地勾勒出来，为今后传统武术的发展提供了理论基础，使不同类武术都能够使社会需要及实践主体需要得到满足。但就像西方学者艾弗雷德·库恩所说："对事物进行分类的方法很多很多的"，"从绝对的意义上讲，没有任何'更好的'分类体系，它的用处取决于眼前的目的。"②

价值分类法不但将传统武术的当代发展趋势呈现出了出来，对传统武术的众多技术内容进行了全面的概括，而且这种分类方法有利于将更广泛的发展空间提供给传统武术，使传统武术实现可持续发展的目标，任何一种价值体系下的技术内容都是动态变化的，有继续充实完善的可能性。与此同时，这种分类方法对传播与推广传统武术也很有利，使世界各国人民更清晰地认识了中

①② 蔡纲,丁丽萍.中国武术的分类[J].上海体育学院学报,2007(05).

国传统武术,为人们选择和学习提供了方便。

　　总的来说,我国有关传统武术分类的研究还处于初级阶段,我们应进一步将各类武术的关系理顺,以各类武术的特点为依据,遵循其发展规律来加强武术价值理论体系的构建。只有深刻认识与理解武术的本质与价值,并与当代社会需要和文化价值选择相结合,才能在切实可行的操作平台上探讨武术的分类问题,也才能更好地推动传统武术的全面持续发展。

第三节　传统武术学科及发展概况

一、传统武术的本体学科结构

传统武术的本体学科结构见表1-4。

表1-4　传统武术的本体学科结构

本体学科结构	内容	研究
传统武术基础理论	武术学	研究传统武术的基本理论
	武术史	
	武术概论	
传统武术技术理论	攻防技击原理	研究武术各流派的技术风格、特点及技击方法
	功法原理	
	拳械技法原理	
	技术创新研究	
传统武术应用理论	武术教学	研究传统武术实施中涉及的相关理论
	武术训练学	
	武术竞赛学	
	武术管理学	
	武术经济学	

下面具体分析传统武术本体学科结构的内容。

(一)传统武术基础理论

传统武术基础理论的研究内容见表1-5。

表1-5 传统武术基础理论研究

传统武术基础理论	研究内容
武术学	传统武术理论的形成、变化和发展
	传统武术体系的整体结构
	传统武术体系分支学科的产生、发展、分类、流派及相互关系
武术史	传统武术的发展历史
	各种拳术、器械的发展史
武术概论	传统武术的概念
	传统武术的特点
	传统武术的分类与流派
	传统武术的价值与功能

(二)传统武术技术理论

传统武术技术理论的研究内容见表1-6。

表1-6 传统武术技术理论研究

传统武术技术理论	研究内容
攻防技击原理	对抗性项目的技击原则
	对抗性项目的技击方法
	对抗性项目的技战术等
拳械技法原理	拳械技术的规律
	拳械技术的动作结构
	拳械技术的技法特征
功法原理	传统武术练功的原理和特点
	传统武术练功方法和手段

第一章 传统武术学科建设研究

续表

传统武术技术理论	研究内容
技术创新研究	传统武术技术创新原则
	传统武术技术创新方法
	传统武术新动作、新组合的创新

（三）传统武术应用理论

传统武术应用理论的研究内容见表 1-7。

表 1-7　传统武术应用理论研究

传统武术技术理论	研究内容
武术教学	传统武术教学特点
	传统武术教学规律
	传统武术教学原则
	传统武术教学方法
	传统武术教学步骤
	传统武术教学组织等
武术训练学	传统武术训练特点
	传统武术训练规律
	传统武术训练原则
	传统武术训练方法
	传统武术训练过程
	传统武术训练计划
	运动员选材等
武术管理学	传统武术管理活动
	传统武术管理目标
	传统武术管理体制
	传统武术管理组织
	传统武术管理制度

续表

传统武术技术理论	研究内容
武术管理学	传统武术管理原则
	传统武术管理方法等
武术经济学	武术市场开发和培育
	武术产业化发展等

二、传统武术学科结构的发展与完善

在传统武术的发展中,其与中国传统文化、现代学科的关系越来越密切。传统武术根植于中国传统文化,其产生与发展在一定程度上受到了中国传统哲学、医学、美学、军事等文化的影响。除与传统文化联系密切外,传统武术还从现代学科中对科学理念及研究方法进行借鉴和利用,从而促进了传统武术学科结构的发展与完善。

(一)传统武术与中国传统文化

传统武术与中国传统文化的关系及研究见表1-8。

表1-8 传统武术与中国传统文化的关系及研究

传统武术与中国传统文化	主要研究内容
传统武术与中国哲学	哲学认识论对武术理论和实践的影响
	传统武术对太极学说、阴阳学说等理论的运用等
传统武术与传统医学	传统医学对武术的影响
	伤科与武术的关系等
传统武术与养生学	传统养生原理与方法对武术的影响
	武术养生方法等
传统武术与传统美学	传统美学思想对武术的影响
	武术美学的特征等
传统武术与古代军事文化	武术与古代军事的关系
	武术与战争、兵法的关系等

(二)传统武术与现代学科

传统武术与现代学科的关系及研究见表1-9。

表 1-9　传统武术与现代学科的关系及研究

传统武术与现代学科	研究内容
传统武术与运动解剖学	运用解剖学原理研究以下内容： (1)武术运动系统的结构和规律； (2)武术运动训练； (3)武术运动员选材等
传统武术与运动生物力学	运用生物力学原理分析武术动作的力学原理，为技术诊断和技术改进提供理论依据
传统武术与运动生理生化	(1)研究武术运动对心血管系统、神经系统、内分泌系统、呼吸系统的影响； (2)运用生理生化原理分析人体在武术运动中各项生理生化指标的变化等
传统武术与现代教育理论	研究传统武术教学中对现代教学理论的运用，以丰富和完善武术教育理论体系
传统武术与运动心理学	(1)研究运动员心理活动； (2)研究运动员在赛前的心理调整等

第二章　传统武术文化与国家精神培育

传统武术是我国悠久灿烂文化中的瑰宝,是我国的"国粹"之一。时至 21 世纪的今天,传统武术在国际上的影响力日益增加,已然成为我国的一张绝佳的文化名片,由它展现出的国家精神影响着世世代代的中国人以及热爱中国文化的国际友人。为此,对于传统武术文化与国家精神培育的相关问题进行研究就显得非常必要。

第一节　武术内涵与中国传统文化

传统武术作为我国众多传统文化中最具代表性的一项,它的产生与发展自然都不是单独完成的。通过阅览众多文献和古籍,从中可知传统武术的发展与我国众多其他类型的文化有着莫大的关系,其中关联度较高的文化有古代哲学、古代美学、古代医学、伦理道德、古代艺术和宗教民俗等。下面就一一对传统武术文化与这些其他形式的文化之间的关系进行阐述。

一、传统武术文化与古代哲学

(一)武术与"五行学说"

1."五行学说"的主要内容

我国的传统文化认为世间万物都是由木、火、土、金、水五种物质形态构成的。后来,通过不断地总结和文化演变,人们最终将这五种物质概括为"五行",并在此基础上形成了围绕着五行而来的系统学说。

实际上,"五行学说"可以说是一种我国古人认识世界、解释世间万物运动发展的一种学说。这一学说产生于殷末时期,当时的文献《尚书·洪范》中关于五行的记载为:"一曰水,二曰火,三曰木,四曰金,五曰土。"后来,古人按照现实世界中不同物质的不同属性,将其按照五行进行划分,具体见表2-1。

表2-1 五行属性表

五行	五脏	五体	五官	五声	五方	五时	五化	五色
木	肝	筋	目	呼	东	春	生	苍
火	心	脉	舌	笑	南	夏	长	赤
土	脾	肉	口	歌	中	长夏	化	黄
金	肺	皮	鼻	哭	西	秋	收	白
水	肾	骨	耳	呻	北	冬	藏	黑

在"五行学说"中,用来表述事物之间的关系与反应的动词为"相生"和"相克"。相生是指物质间相互促进、相互依存,彼此之间产生积极作用的动态。五行中相生的次序是木生火,火生土,土生金,金生水,水生木。相克则是指物质间相互抑制、相互抗衡,彼此之间产生消极或负面作用的动态。五行中相克的次序是木克土,土克水,水克火,火克金,金克木。

2.武术与五行学说的关系

武术与"五行学说"的最大关系在于当"五行学说"融入武术后,武术中的许多理论和技法特点都与之进行了良好的融合。这其中最具代表性的就要数形意拳了。这套拳法就是典型的以采用"五行学说"为基本指导思想的,甚至在形意拳的基本拳法中直接有以"五行"命名的拳法——五行拳。下面就对五行拳进行详细的解读。

(1)五行拳的五行属性

五行拳中的每种拳法都有相对应的"五行"内涵,如劈拳属金、崩拳属木、钻拳属水、炮拳属火、横拳属土。从实际的动作来看,"劈拳"技法的完成是通过掌来实现的,不过,这种劈掌在完成时力量迅猛,掌形似斧,拳势严谨,其属性与金的性质颇为相似;崩拳的动作极为直接,直去直打,其形似箭,喻其直进有力;钻拳似电,快速上钻;炮拳沿波浪曲线左右斜进,一架一冲,拳法激烈;横拳于前冲中顺势横拨,坚韧含蓄,拳掌结合。

(2)五行拳的相生相克

相生相克是"五行学说"中的重要理论,这种相生相克在以五行理论为基础的五行拳中也有实际体现。例如,在五行拳技法中就有劈生钻、钻生崩、崩生炮、炮生横、横生劈;劈克崩、崩克横、横克钻、钻克炮、炮克劈等相生相克的关系。在实际的运用中,只有将这种生与克的关系掌握娴熟,才能更加游刃有余地习练五行拳。

(3)五行拳与五脏的关系

"五行学说"是一种主要揭示世间万物运行的学说,凡是在世间存在的事物都可以用五行理论来加以解释。人体作为世间存在的事物,其无论是在本身的构造上,还是外部的形态与动作上,都可以用五行的理论来分析。将之与拳术结合后创建的五行拳就是拳法理论与中医人体五脏生理理论的完美结合。它的最大特点在于将拳法技击与人体生理功能及其运转进行了有机的联系,如:劈拳属金,其形像斧,在于人体则属肺,故其劲顺则肺气和,劲谬则肺气乖,气乖则体弱病生,拳亦必不通矣。崩拳属木,其形似箭,在于五脏则属肝,故其拳顺则肝气舒,拳谬则肝气伤。因此,在这种关联下,就使得对于拳术的练习成为身体对应脏器的极具针对性的练习方法,如:崩拳能平气舒肝、强筋壮脑;钻拳属水,其形似闪,在于人体则属肾,故其气和则肾足,气乖则肾虚,其拳不顺则其劲不能长,拙劲亦不能化;炮拳属火,其性似炮,在于五脏则属心,故其拳顺则气和虚灵,拳谬则气乖而四体失和;横拳属土,其形似弹,在于腹内则属脾,故其拳顺则内五行和而万物生,拳谬则内气必努而失中,失中则四体万骸无所措施,试式亦无形矣。

按五行学说,形意五行拳应综合运用,即拳谱所谓"五行合一处,放胆即成功","丹田久练灵根本,五行合一见奇功"。而五行之中,横拳应该作为主要的技击手段。所谓意者,即人之元性也,在天地则为土,在人则为性,在拳则为横,横者即拳中先天圆海中和之一气也,内包四德,即劈崩钻炮也。由此可以看出横拳在其中的重要性。

(二)武术与天人合一学说

1. 天人合一学说的主要内容

天人合一学说中的"天"特指自然,而并不是指主宰世间万物的神灵;"人",即指生存在世间的实体人。所谓"天人合一"的意义有两层:一层为天人一致,宇宙自然是大天地,人则是一个小天地;另一层为天人相应,或天人相通,是说人和自然在本质上是相通的,所以,一切人事均应顺乎自然,不能违背自然。

在这个理论的影响下,传统武术也可以将它的客体确定为练武的人和习练环境的自然,二者之间有紧密的联系。这种联系在于进行武术运动的人必须要适应自然、顺应自然,以达到两者协同,如此才能真正实现武术的目的。

2. 武术与天人合一学说的关系

(1)顺应自然的练武理念源自"天人合一"

清代杨氏传抄《太极拳谱》中记载:"乾坤为一大天地,人为一小天地也。"这句话想表达的意思为:人们在习练武术的过程中,不只是对动作套路的模仿和学习,更应该体会的是一种人与自然和谐相通并使人顺乎自然的状态,在这种状态下,武术运动也要服从大自然的变化规律,以此来求得物我、内外的平衡,达到阴阳平和。

此外,武术练习者在习练过程中,除了注重对身体动作的练习外,还要注重与四季、气候等外在环境相协调,选择恰当的练习方法和内容适应环境的变化。选择优美清静的自然环境作为练功修身养性的场所,从而充分发挥人的创造力,使个人的身心融于大自然之中。若逆天时地利而动,则对健康不利。

(2)武术动作"合"的理念源自"天人合一"

武术动作强调一种"合",这种"合"是武术特有的理论,同时,它也是武术技术动作的需要,而这个"合"的理念正是源自"天人合一"。在武术中,"合"就是说动作的和谐、协调。最为典型的是所谓"内外三合",即内三合"心与意合,意与气合,气与力合";外三合"肩与胯合,肘与膝合,手与足合"。这实际上是要求由内在的心、意、气到外在的四肢、身体的各个部位都达到相互协调。这些动作与意的协调本是一种人的本能,但在实际表现中还需要通过后天的长期训练和培养才能形成。

(3)练习的最高境界便是"天人合一"

"天人合一"使练武的理念顺应了自然,并且让武术更加趋于"合"的境界,因此,也就证明了武术练习的最高境界正是"天人合一"。

"天人合一"作为武术追求的最高境界首先是从养生开始的。为了追求人与自然的和谐,古代习武者常象天法地、师法自然,从大自然中吸收营养,模拟自然界中各种事物的动作、姿态、神情,结合人体运动的规律和技击方法的要求,以创造和丰富武术。就是在这种"天人合一"的境界中,武术的内涵更加博大精深。如长拳的"十二形"说:"动如涛、静如岳、起如猿、落如鹊、立如鸡、站如松、转如轮、折如弓、轻如叶、重如铁、缓如鹰、快如风",也是以12种物象来说明对演练时动作12种变化的要求,其中绝大部分也是取自然界的物象来喻拳势。

(三)武术与道论、气论

1.道论、气论的主要内容

道论中的"道"本身有两种含义:一种为法则和规律,另一种为宇宙万物的本源与本性。我国古代著名思想家老子认为,"道"是宇宙万物之本源。正所谓"道生一,一生二,二生三,三生万物"(《老子·42章》)。这段论述的主要意思是,天地未生成之前是混沌的,无形无物,道由静到动,生出天地,生出阴阳,然后万物生。

而"气"是"道"的一种体现。思想家庄子用"气"来表示万物的本质源头,就有"气变而有形,形变而有生"(《庄子·至乐》)的论述。这段论述的主要意思是无形之气为有形之物的基础。庄子以"气"的聚散来解释生命之形成:"人之生,气之聚也。聚则为生,散则为死……通天下一气耳,圣人故贵一。"(《庄子·知北游》)

2.武术与道论、气论的关系

(1)"道"是武术的本质特征

王宗岳的《太极拳论》、孙禄堂的《拳意述真》都揭示出了万变拳技中的"理",这个所谓的"理"实质上就是老子所谓的"道"。

老子指出"道"是"视之不见""听之不闻""搏之不得"的,表现为武术的一招一式、进退开合、闪展腾挪等,是可以传授的,可以观摩习练的,而传统武术中追求的意境、神韵和武术的"道"则只可意会或自悟,不是可以用直观的方法传授的。这种现象说明了中国哲学的思辨方法重在直觉和悟性上,形象只是感知对事物的把握和理解的介质,这正是武术文化思维方式的特色之一。

(2)"气"是武术的原力与本根

在古代武术理论中,"气"占有重要地位,是武术生命的精髓所在。武术的种种外在形态如武术功能、神韵、绝技等,均为"气"的演化与体现。

传统武术对"气"的要求主要是将精、气、神三者通过练气来化精,通过练精来化神,最后归于虚无。

二、传统武术文化与古代美学

(一)"韵"在武术中的体现

"韵"是美学思想之一,人们把"韵"概括为"超然于世欲之外的节操、气概,从而表现出神态、风度"。我国传统武术中也包含这种"韵"具体体现在武术运动中的和谐、整齐和附有节奏的美。

"韵"之于武术主要来自其套路运动中的节奏差别以及套路中规范的动作。"韵"就是使各种变化表现充分、反差较大,使变化清晰、韵厚味醇,使观赏者能够切实感受到美。这种"韵"在实际中表现为快如风、缓如鹰、起如猿、落如鹊、重如铁、轻如叶、立如鸡、站如松、转如轮、折如弓、动如涛、静如岳。此外,美学的"韵"在武术动作中的表现还包括在以下几个方面中:

首先,美学的韵味表现在武术动作的空间层次变化上,如"旋风脚接劈叉"这个组合动作,就比较典型地反映了高与低的层次变化。这个动作中有翻腾跃起的动作,在此瞬间,习武者要在空中快速完成击拍动作以后转接低姿造型,犹如矫健的雄鹰俯冲而下。这种瞬息的时空变化,充分展示了一种美的韵律。

其次,美学的韵味表现在武术动作的快与慢变化中,快如闪电,让观赏者应接不暇,精神为之振奋;慢如细雨,把人带进大自然那秀美如画的田园风光之中。

最后,美学的韵味表现在武术动作的节奏变化上,包括武术动作的"动""静""起""落""快""慢""轻""重""高""低""刚""柔"等,这些变化形成互为补充、互相衬托的辩证统一,统一的结果,便是表现出鲜明的节奏感。

(二)"气"在武术中的体现

在美学的理论中,"气"是美的本源,美不能脱离"气"而存在。阴阳二气交感而产生万物,它的产生与变化都是无目的而合目的,因而美在生命中,生命即美,而这种美的理想境界是"和",因为在"和"的状态下,生命能得到最顺畅、最理想的发展。以"和"为美,可以说是中国美学一个极为重要而又古老的思想。这种思想在武术运动中也得到了继承和体现,如武术的内容和表现形式都是通过内外兼修的手段达到身心交益的目的,武术谚语有云"内练一口气,外练筋骨皮",其中提到的"气"便是内修中的关键,如果没有这个"气"在,武术便失去了灵魂,只能是一种硬生生对一些技术动作的模仿。

武术的各派各家都强调练"气"的极端重要性,并把"气"作为武术的本根。各家各派对于"气"的理解,赋予的含义及如何练"气"虽不尽相同,但认为练"气"是武功达于化境的基本条件,却是一致的,如少林武术重要典籍《罗汉行功全谱·序言》中,详细论述了养"气"对武功的极端重要性:"天地万物皆一气之所结而成,天地无气则阴阳息,万物无气则生机灭,养气固不重哉。而人为万物之灵,则养气尤为重。"又《太极拳拳谱》规定,"心为命,气为旗""气以直养而无害"。再如《形意拳拳经》云:"精养灵根气养神,元阳不走方为真。丹田练就长命宝,万两黄金不与人。"学习武术的过程,就是从人自身的小宇宙(达到)的"和",进到人与自然、人与社会的"和"。习武者武艺在身,是为了惩恶扬善、除暴安良、去邪扶正、锄强助弱、仗义生侠,消除社会中人与人之间的不"和",因而它是直接或间接地实现了"善",与美是相通的。

总之,传统武术给予练"气"以最多的关注,其中既有对生成为人的元气的修炼,也含有对人的生命力和创造力的修炼。它非常看重对人的生命根基的吻合,进而体认宇宙的生命是生生不息的运动,给人以美感。

(三)"形"与"神"在武术中的体现

神形兼备历来是传统武术强调的练习重点。实际上,世界上许多国家的武术对此也十分看重,如源自朝鲜的跆拳道,也对练习者的"形"与"神",特别是"神"予以关注,认为首先要在气势上(也就是精神上)战胜对手。

传统武术缔造者们认为神是形的灵魂,失去了神,就失去了武术特有的韵味。而神则主要是指拳家的内在世界,如强烈的攻防意识、高尚的情操、美好的道德、完美的个性、审美的人生态度等。这要从两方面予以说明:一方面为传统武术的各拳种都注重内外运动符合生命的自由和谐运动,使内部意气的流动和外部神气鼓荡在运动中趋于和谐,如长拳中的八法,"手、眼、身法、步、精神、气、力、功";南拳中的内练"心、神、气、胆",外练"手、眼、身、腰、马";形意拳的内三合"心与意合,意与气合,气与力合",外三合"手与足合,肘与膝合,肩与胯合"等。另一方面为武术中阴阳二气运化所成基本审美特征,能从正在兴起的研究生命本质的"耗散结构"学说得到科学的解释。所谓"耗散结构",即人的机体是一种复杂的"耗散结构",表现为对"死亡"趋势的对抗,这一对抗是靠不断地从外界吸取能量和吐故纳新而完成的。通过不断地与外界交换能量,它在运动的同时,保持一种稳定而有序的状态,即动态平衡。武术中阴阳二气的运化,相摩相荡,生生不息地流转,使人的精神与肉体从周围环境中不断地吸取能量,也不断地耗散能量,在运动中达到平衡。

所以说,武术的运动形式能关照生命生生不息的运动,生命的勃勃生机,从而引起我们的审美愉悦。

(四)"意境"在武术中的体现

"意境"被认为是文艺作品中所描绘的图景和表现的思想感情融合一致而形成的一种艺术境界。武术运动对意境也有着极高的追求,在《吴越春秋·勾践阴谋外传》中有关于越女论剑一段便记述有"其道甚微而易,其意甚幽而深"一句,这段文字中的"意",就是指代的"意境"。"意境"在武术中主要体现在武术套路、动作命名和武术拳谚中,具体如下:

1. "意境"在武术套路中的体现

传统武术的套路是将某些可以构成体系的技术动作经过一

定的艺术加工组合而成的。最终形成的套路要与习练者、编创者的情感、精神融合一致,在似像非像中达到"情境"交融,"情""技"交融,神形交融。套路的出现,给武术运动增加了浓重艺术色彩和文化意蕴,使武术具有了更多的艺术成分。这也正是武术运动能够被全世界人民所热衷的重要原因之一。

2."意境"在武术动作命名上的体现

古代民间拳师在长期的行拳实践中,采用客观世界诸物态或社会历史中的人物典故入谱,使拳技功法产生美感,练拳者可一边持械练武,一边品享其意境神韵,如金鸡独立、燕式平衡、白鹤亮翅,体现了舒展自如和悠闲,给人一种舞台艺术造型美的享受;再如"羿射九日"(弓步前指)、"仙人指路"(弓步,持剑前刺)等,这些拳名在表现武术的意境和情趣方面具有独到的功用。闻其名如见其形,使练拳者与看拳者不仅品享其意境神韵,而且仿佛感受到了拳技套路神秘而浓郁的文字意蕴。

3."意境"在武术拳谚中的体现

武术的拳谚把抽象的事理形象化,平凡的知识新鲜化,科学的规律情趣化,把宽大、深厚并带有总结规律性的内容,集中浓缩在严整、简短的一两句话之中,言有尽而意无穷。如"吐为落雁,纳为鹰扬""刀如猛虎力无边,剑似飞凤上下翻""枪如游龙随身转,棍似旋风打一片""巧打流星,顺打鞭"等,传神地表达了武术套路的丰富内容和"情节",而这种"情节"恰恰又是武术本质中内含的意境反映。

总之,武术的美和丰富的内容大部分都通过意境完美地诠释出来,同时,意境还揭示出了武术的创造特征,整体的意境美使武术的本质融于套路,以境感人。

(五)阳刚、阴柔在武术中的体现

阳刚与阴柔是两种完全不同的表现形式。阳刚通常代表雄浑、豪放,而阴柔则代表柔和、飘逸。尽管从词语释义的角度上来看,两者是一种格格不入的相悖,但实际上在武术中的"合"的理念影响下,阳刚与阴柔获得了良好的融合,两者得以协调统一、共同存在,达到刚柔相济的效果。举例来说,武术中能够体现阳刚之美的有拳术中的长拳、南拳,器械武术中的刀术与棍术等。长拳动作奔放流畅,身灵步捷,转换自如,一气呵成;刀术套路,方法清楚,劈砍有力,动作大开大合,势如猛虎。反观体现阴柔之美的武术有内家拳的代表太极拳和八卦掌等。太极拳动作含蓄缠绵,方法柔和多变,身法柔转徐疾;八卦掌步法转接灵活,身法拧转自如,手法转换多变,气势舒缓飘逸,柔中见刚。

武术中的阳刚与阴柔不仅在不同类型的武术间有所体现,即便是在同一个武术项目中,也存在刚柔并济、相互转化的动作。这就是所谓的刚无柔,无所谓刚,柔无刚,无所谓柔,柔中带刚,刚中有柔。

三、传统武术文化与古代医学

我国的传统医学有一个非常重要的理论,那就是经络学说。受此影响,武术中也经常运用到经络学说的理论,甚至一些武术的动作套路也是以经络学说为基础创编的。由此可见,武术运动本身具有较强的保健、健身功能。不仅如此,经络学说还为武术"点穴"法提供了理论基础。下面就以太极拳和气功为例,进一步揭示传统武术文化与古代医学之间的关系。

(一)太极拳与古代医学

太极拳保健健身的原理主要是通过外动与内动来完成的,以期使丹田之气受鼓荡而推动奇经中的督、任、冲、带四脉,进而调节人体十二正经之气血,使人体内部培蓄精气、疏通经络、扶正祛邪,最终达到"阴平阳秘,精神乃治""祛病健身、抗老益寿"的功效。

具体来看经络的活动,它主要是人体的体表和内部各系统脏器之间的相互影响的活动。许多人在练习太极拳达到一定的时间后会出现诸如腹鸣、指尖酸麻、有针刺感等现象，这是正常的反应，是一种人体内行气的现象，表明经络是畅通的。

(1)太极拳中，其功法的"主宰于腰""虚领顶劲、气沉丹田"，就是典型的锻炼任脉、督脉、带脉、冲脉的方法。太极拳中的腰部动作经常要保持松沉直竖，并且旋转舒缓轻柔，以腰为轴带动上下肢的动作，如此动作不仅锻炼了任督二脉，又使带脉膨胀，肾部充实，日久能使腰部肌肉更加强健，小腹部也冲脉气势旺盛。

(2)太极拳的"缠绕运动，动贯四梢"，要求动作舒缓圆滑，动作大多呈现弧形，由此使得任何动作在形式上都能成为圆运动的一个部分。这个动作可以使肌肉纤维、韧带和关节在均匀、连贯的反复旋转中得到运动，由此利于气血畅通，流转贯注于四肢达到本固则枝荣的目的。

(3)太极拳的"尾闾中正"练法关键在于使尾闾骨正对前方，这是在太极拳运动中始终保持身体重心稳定的关键方式。在套路中的前进、后退、左旋、右旋，中定时始终注意"长强穴"的松沉直竖。而"长强穴"是督脉的络穴，转走任脉，所以，在注意"长强穴"的情况下，在整套拳路中不断地运转、压挤"长强穴"，能够通调任督二脉。

(二)气功与古代医学

气功依附于经络而发挥作用，因此，气功的核心就是明经络。经常练习气功并且达到一定境界的人通常可以将练功的注意力从外部的身体形态转移到身体内部，着重通过呼吸的锻炼达到鼓荡推动的效果，使全身经络气血畅通。让经络之气畅通于任督二脉的功法，叫小周天运行法。让经络之气畅通于十二经脉的功法，叫大周天运行法。让气以丹田为基础，使丹田之气循经而通行全身的功法，叫丹田运行法。尽管这些功法名称与动作有所不同，但其目的都是一致的，即为了疏通经络。

练习气功主要看重它对于气与意的锻炼。练习时，强调以意引气,带动气沿着经络运行,以此实现治病强身的目的。我国传统气功尽管种类繁多,但其基本理论是一致的,在练习时都是要求练习者将注意力集中到某些关键腧穴上,典型的如头部的印堂,胸部的膻中,腹部的神阙、气海和命门,腿部的足三里,足部的大敦和涌泉等。通过这种凝神的方式,可以有效排除杂念,汇聚真气。这种练功的方法对于一些身患慢性病的人来说是非常理想的缓解方式,如高血压病人练功时,注意脐下、脐间或大敦、涌泉穴,则血压会下降;注意印堂、百会则血压能上升,这是气功与腧穴关系密切最典型的例子。对那些掌握气功真谛的人来说,通过观想体表经络穴位的锻炼,则会逐渐出现"内景返视"现象,具体说就是能够将内气沿经络路线运行的场景直观地"看到",境界更高的气功大师甚至可由经络部位发放外气,为他人治病。

四、传统武术文化与伦理道德

(一)传统武术对武德的崇尚

中国武术博大精深,提到武术和功夫,不由得让人联想到武侠片中的打斗甚至杀人。综观世界武术,与中国武术不同的是,其他国家的一些武术的本质就在于如何在实战中取胜对手,是一种实践性和目的性很强的武术。尽管中国武术的表现形式和用途也是以格斗技术为体现,但与其他国家的武术相比,我国传统武术中更蕴含了深奥的东方文明和东方哲理,其中最值得一提的就是我国武术中包含着非常鲜明的伦理特色,即"武德"。我国武术中蕴含的丰富的武德非常恰当地诠释着我国是一个仁义之国、礼仪之邦,以及通过武术来表达一种重传统、重经验、尊师爱徒的人伦观念。

武德体现在许多拳派的门规戒律中,少林《拳经拳法备要》强调"道勿滥传",应传"贤良之人"。《少林短打十戒》中更强调:"强横不义者不传,强横则为乱,无义者则负恩。"《峨眉枪法》说:"不知者不与言,不仁者不与传,谈元授道,贵乎择人。"甚至点穴法的创造也是仁者精神的体现。少林秘典《罗汉行功短打》说,点穴法的创造是"圣人不得已而为之",是为了使人"心神昏迷,手脚不能动,一救而苏,不致伤人……有志者细心学之,方不负圣人一片婆心也"。中国武术的伦理思想在儒家仁义精神的基础上,融会了禅宗佛学的"持戒""化解"的慈悲胸怀,又以道家的"不争""虚静"修身养性来调处,深刻地反映了中华民族善良、诚信、热爱和平的美德。

中华民族的优良品德,一贯为武林界所尊崇,并且身体力行。如现代太极拳名师王培生所著《乾坤镕戊己功功谱》中"行功准则纲要"第一条所讲:"练武者应遵守武德……若能做到心胸坦白、光明正大,方可德艺兼修,所以说身正则艺正。艺无德不立。总之,武术也要讲德才兼备,否则必入歧途。"在现实中也确实如此,不管是历史中的故事还是现代社会的习武之人,其中有些武者由于没有注重对武德的感悟而偏离了武术的本质,他们利用所学功夫无恶不作、恃强凌弱,给社会和传统武术运动带来了非常阴暗的影响。因此,为了防止出现这种情况,还武术本质精神于其内,就要在练习武术时,或是练习武术之前,做好武德方面的引导和传承,真正做到"未曾习武先习德"。

(二)传统武术技法与伦理道德的统一

可以说,我国传统伦理道德与传统武术的技法是相统一的。这种统一不仅在传统武术的门规总论中体现,它还在武术技法中有机地彼此融合着,如太极推手有两条原则:"见利思义"和"舍己从人"。这八个字是太极技击中拳理的核心,而如果将这八个字的意义放到整个人生的角度上看,它恰好也符合人生的修为。它表达的意义不只是高大上的道德理论,更重要的则是要将这种理念融化在个人的血液当中,表现在行动之上。太极拳在推手中体味"见利思义",会证实人际关系中这一至理。推手实战中的失败者,往往是"见利"而"忘义",忘记了太极推手不丢不顶的拳理要义,而被引进打空,导致失败。"舍己从人"看来是与对抗不相容的,然而世界上一切事物正反相成的道理、阴阳相互转化的规律,却是真理。太极拳中有一个尽人皆知的理论叫作"牵动四两拨千斤",这个道理正是在舍己从人的原理指导下借力发力的技击技巧。正常思维中,由于质量的不同,"四两"和"千斤"是难以等同对抗的,但为了能够达到这样的效果,使"四两"能和"千斤"抗衡,就需要一个巧妙的"牵动"。其实,这里的"四两"与"千斤"都是比喻,根本要义是"舍己从人"。"见利思义"和"舍己从人"在现代社会中依旧有其重要的意义,只有拥有这种道德才能获得真正的成功,否则已拥有的事物,也可能在瞬间倾覆。

由于受我国长期封建社会制度的影响以及自古就有的尊师重道的美德,武术作为较为完整和具有明显民族特征的"国粹"流传千载而绵延不断,而且被历代贤能智者奉为文武兼修的人才标准。自唐代武则天时期开设文、武两科同时科举取士以来,直至清末光绪年间,延续千余年之久。这种开科取士的形式在一定程度上对习武之人是一种鼓励和提倡,用现代的语言说就是重视全面型人才的培养以满足社会需要。而如果传统武术真的只能以杀戮和野蛮等同的话,那么这种"文明"的形式将很难得到传承。这种伦常观念一直贯穿在古今所有拳种的门规之中。中华民族崇尚的是曹丕与邓展比剑那种点到为止的较量,并不赞赏拼死争斗。这种追求使武术向智巧和养生、艺术表演方面综合发展,只强调某一点都难以概括中国武学的全貌。古典哲学中真善相通的观念表现在武术的两方面,总体上讲究德与艺统一,所谓艺无德不立,没有美好的心灵,就难得高超武艺。把养生健体、修心练性和技击制敌统一于一体,实在是中国武术的最大特色,正因如此,它才成为全人类共有的珍贵财富。

中国武术文化的伦理特点,对于铸造我们的民族精神有着重要意义。它始终以悠久的历史和独特的东方人体文化,对于中华民族崇尚勇敢侠义、刚正不阿、锄强扶弱、助人为乐的侠者精神的熏陶与培养,拥有永久的价值。

五、传统武术文化与唯美艺术

（一）武术与舞蹈

武术文化与传统舞蹈有着很大的联系，两者甚至在很多地方都有着共通之处，而且中国舞蹈在被创编以来就在很多动作上也包含有武术动作的影子。在我国古代的舞文化中，实际上呈现出的是一种"舞""武"交融的场景，舞中有武，舞中现武，舞中存武。与此同时，武术中也包含有许多"舞"的元素，一些武术技击套路经过进一步艺术化，出现了剑舞、拳舞等。

武术与舞蹈最佳的融合形式是"武舞"，武舞的形式可以表达舞蹈中的思想感情，也能表达武术的力度与技击特点，由此武舞具有了独特的娱乐性和艺术性，但同时也具备一定的实用性。

在武术的技击性、套路演练性与舞蹈的艺术性尚没有充分发展的时期，很难区分武术、武舞与舞蹈。

（二）武术与杂技

杂技是我国传统艺术中的重要项目，究其历史来看，杂技与武术出现的时间相仿，在表演形式上是一种直接反映人体各种技能的艺术，也是一种以超常的技巧为特征的表演艺术，其在一些动作的基本形态上与武术有着诸多相似的地方，而且练习杂技的人也需要练就坚实的基本功。传统武术的训练方法，自然也为杂技所运用，如"内练一口气，外练筋骨皮"等，正是武术与杂技共通的训练原则。而就武术运动来看，其中许多绝活武技甚至也可以直接作为杂技节目进行表演，如闭气功、铁布衫等。另外，许多兵器成为杂技的表演道具，如"飞叉"就是由武术器械演化而来的。从这个角度来看，我国的杂技艺术也对传统武术的发展起到一定的影响。

（三）武术与书画艺术

中华武术中蕴含的其他传统文化众多，其与我国的壁画、书法等艺术形式也有诸多关联。由此可见,武术与艺术的融合可以体现在方方面面。

其中最为明显地体现在许多宫室、庙堂中绘制的壁画上,武士、侍卫以及多种武术相关活动都成为绘画的主题。而书法与武术的相通之处有四点:第一是书法讲究"劲力",这与武术讲究的劲力相似;第二是书法用笔有收有放,每往必收,每垂必缩,含蓄而锋芒不露,这与武术中的拳打脚踢肩撞等都有的放矢,要求攻守兼备相似;第三是书法重神韵,而武术也对更加深层的"神韵"有着较高要求,而不是仅仅追求动作上的相似;第四是书法讲究刚柔之法,而武术也强调刚柔并济、亦刚亦柔、变化万千。

总的来看,我国的传统武术拥有非常丰富的文化内涵,正因为其中饱含的文化,才使得传统武术成为我国的一张出色的文化名片,传播到全世界,始终为我国在国际上的文化交流做出卓越贡献。

六、传统武术文化与宗教民俗

(一)武术内容与宗教

宗教对于传统武术产生了一定的影响,使得传统武术中也蕴含着一些宗教文化。仔细来看,宗教对武术的影响涉及武术的思想理论、技术战术和内功修炼等各个方面。对传统武术影响要数我国本土宗教道教最多,特别是道教中的武当等内家拳最具代表性,这种影响几乎是全方位的,一方面它不仅使武术保有了高度成熟的技巧、迷人的神韵,而且还让武术蕴含了深刻的哲学思想,增强了武术的独特魅力。例如,道教有"我命在我,不在于天"的主张,这个主张用今天的话来描述就是"以人为本",而当其运用到实践中后就可以理解为期待通过自我后天的锻炼来实现强身健体,维持良好健康状态的目的。另一方面,道教还以"道"和"德"作为宗教信仰和行为实践的总原则,以清静为宗,以柔弱为用。武术家们以"我命在我,不在于天"的思想为指导,刻苦习武

第二章　传统武术文化与国家精神培育

健身、修心、养性；以"德"自律，培养自己的武德和高尚情操。

道教对传统武术的影响具体来看主要体现在两个方面：一方面，道教的思想理论被武术家们所学习、掌握、吸收，使得传统武术中有许多技击原则和理论依据与道家理论类似，甚至是相同。另一方面，传统武术对道教文化的吸收，还表现在以之指导武术的动作、招式、步法、套路和技术应用。其中，至今还在被广泛用于武术的技能锻炼的道教内丹功仍旧发挥着不可替代的作用。

由此可见，宗教推动了中华武术史的变革与进步，进而也证明了宗教文化是传统武术文化不可或缺的重要组成部分。

(二)武术流派与宗教

我国传统武术的流派众多，风格各异，其中最为人们所熟知的武术流派要数少林和武当。民间传说认为少林武功的创始人是南北朝时期南印度禅师菩提达摩，而武当武术创始人则为武当山道士张三丰。不过，关于这两大武术派别创始人的正史则没有绝对可信的证据或翔实的记载。

事实上，形意拳也是传统武术的流派之一。然而其创始人姬际可并非某种宗教的信奉者，但他在创立形意拳的过程中也受到浓重宗教思想的影响。此外，还有八极拳、八卦掌、迷踪拳、迷踪艺、燕青拳、秘踪拳、岭南白眉派、大悲陀罗尼拳等门派创始人也都与宗教有着或多或少的联系。

(三)宗教与武术发展

1. 习武对宗教发展起到助力作用

道教和佛教在我国有着广泛的传播。随着这两种宗教的发展，在魏晋南北朝时期逐渐形成了儒、释、道三教互相争夺、互相吸收又互相配合的鼎立局面。寺院和道观在这一时期已经不单单只是作为信徒朝拜祈福的场所，而且许多寺院已经开始从事一些经营土地及其他各种营利活动,从而形成了一套寺院经济体系。这种体系的出现使得越来越多的专心以习武作为主要修行方式的武僧的出现成为可能,另外,鉴于寺院大多所处深山老林之中的地理环境特点,为了对付猛兽或保卫寺院,习武也成为必需活动行为。

唐武德年间,少林武僧帮助秦王李世民活捉了隋末割据势力代表王仁则,使李世民扫除了前进道路上的最大障碍,即位后,他给予少林寺诸多优待,赏赐大量金银和土地,并允许以寺院的名义招募武僧,这使得少林寺的武僧人数一度达到2 000余人,少林寺由此声名大振,广受习武者推崇。

2.宗教环境为习武提供便利

宗教寺院的位置多处在深山名胜等清静之处,交通不便、硬件设施较差。基本的生活都要依靠人本身的能力来完成,如登高爬山,需要脚力;砍柴担水,需要臂力;夜黑风高,需要胆气;蒲团从禅,需要毅力。而开阔宽敞的庭院或宽阔的平原都是习练武术的绝佳场所。在这种自然环境下,观察禽兽动作,思考某些令禽兽长寿之奥秘,并受启发编制出一些模仿性的武术动作,都是有很好的条件的。

第二节 传统武术文化与社会主义核心价值观

一、社会主义核心价值观的概念

随着我国社会的不断发展,社会理念也在发生着变化。目前,对于社会的核心价值的理解通常为是与价值体系相统一的一种集合爱国、富强、改革、创新于一体的综合价值观。在现代,要想建设出一个和谐、文明的社会必须要以坚持"以人为本"为核心理念,具体来说就是尊重社会中的每一个成员,将他们的利益放在首位,促进人们全面自由发展。社会的核心价值观必须能够反映社会中主、客体两方面的关系,是互相影响与制约的,具有一定意义上的相对性,是对自身特点的表示。另外,核心价值观还有一点是其重要性的表现,那就是它是对社会中出现的事物的是非判断标准,是最基本且长期需要维持的价值观。

在强调"以人为本"的现代社会发展理念中,要求人的自由发展需要在科学的指导下完成,如此会更有效率,真正为发展提供助力。马克思主义指导思想的核心内容便是以人为本,人作为主体,一切以人民的根本利益为出发点,促进人与社会全面发展。促进共同富裕首先要坚持公平与正义的社会主义价值观,这是达到共同富裕的基本条件。

二、武德教育与社会主义核心价值观

武德是武术文化中的重要精髓之一,"未曾习武先习德"的古训也表明了武德对于习武之人的重要性。武德教育中的很多观点不仅对习武之人有着较为深刻的影响,对于现代社会来说也有很多适用的地方,并且就现在而言,一些影响已经切实存在,甚至与社会主义核心价值观的形成也有诸多关联。这里就对武德教育与社会主义核心价值观的关系进行研究。

(一)武德教育对社会主义核心价值观产生的影响

我国的传统武术不仅是单纯的武术运动,在它内部还蕴含多种丰富的文化,其中"武德"就是最具代表性的精神意志类文化体现,这是与所有其他运动所不同的地方,同时,武德也是弘扬中华传统美德的重要手段与方法。在我国社会主义社会制度下,探索出一条适合的践行社会主义核心价值观的有效途径非常关键,而武德教育就是效果良好的途径之一。武德是中华传统美德中的一个分支,两者的共同之处众多,而由于武德附着在一个重要的实体——武术之上,因此对其的了解更具有显性的特点,更具体、更形象。

在武术快速发展的今天,武德被大众所接受,并且一致认同武德所提倡的内容可以对社会主义的文明、和谐、稳定、进步提供很大的帮助。与此同时,武德本身也会得到更好的发扬与传播。将武术中的武德教育理念与价值功能融入社会主义核心价值观的教育中,对其教育教学的方式是有价值和意义的,并且是一种创新的教育理念,对武术的发展更是十分有利。

(二)武德对践行社会主义核心价值观的意义

1. 武德与国家"以德治国"的方针政策

我国武术至今已经有几千年的历史,它历经长期发展至今,绝对是历史的沉淀、演变、传承下来的伟大财富。"尚武崇德"是武术文化的核心内容之一,这种核心思想决定了我国的传统武术与其他国家的一些注重实战和杀伤的格斗技术的本质不同,为人们展现了武术"自强不息"的精神与"厚德载物"的魅力。武德的内涵主要是要通过习武,体现出仁爱主义、重信守义、刚健自强、立身正直等,追求人生的自由与平等。可以看出,这与社会主义核心价值观有许多相同之处。

文化是一种动态的存在,它会随着社会与科技的发展而变化。目前,我国致力于坚持"依法治国"与"以德治国"相结合的方针政策,如此一来就切实通过有形与无形的方法将治国战略巧妙结合,对社会的稳定发展非常有价值。从现实来看,目前我国的法律较多,基本涉及了社会中的各个方面,尽管其中有些内容还不够细化,但方向是好的,一直在逐渐成熟之中,这需要一定的时间。相反,从许多社会问题中反映出的德育教育的不足更加被人们所关注。诚然,这里面有法律不健全的原因,但更多的还是与人们道德缺失有关,体现出德育教育的不足。这并不是一个小问题,而是一个关乎具有中华五千年悠久历史传统美德的民族的未来发展问题。传统武术在全民健身之中是人们热衷的重要项目,它可以有效促进练习者的身心素质水平,除此之外,在人的精神层面的培养上,武术培育人们自由向上、团结友爱、诚实守信、爱国敬业,是人们践行社会主义核心价值观的重要方式。在构建和谐社会的道路上,重新维护人与人、人与社会、人与自然的和谐友爱的关系,达到全面贯彻国家以德治国与依法治国相结合的方针政策。

2.武德与社会精神文明的发展

在党的十八大报告上,明确指出要把"立德树人"作为教育的基础,以求培养出全面发展的中国社会主义的接班人,坚持"育人为本、德育为先"的思想理念。这些精神都为德育指明了未来的发展方向。可以说这一决定是非常关键的,它的正确性主要在于,青少年是未来我国各方面建设的接班人,他们的个人品行直接影响着我国未来的发展道路。至于弘扬民族精神,传递文明思想,如果能有一个实际载体才是最为理想的,那么包含中华传统美德的武术自然就成为这一载体。通过武术的习练来培养武术者自身的道德修养,把中华民族伟大的传统美德发扬光大,同时,促进武术的发展,促进社会主义和谐进步。

"立德树人"追求的是在"德"的标准下,人们主动地维护社会的公平与互助。由此,在近些年的教育领域中普遍突出了"德育为先"的教育理念。这种"德育"的基础就建立在中华五千年的文明历史基础之上,蕴含着中华民族的传统美德,具有与时俱进的教育理念,是传统美德文化的精华所在。武德蕴含在武术之中,任何习练武术的人都会在其中受到武德的潜移默化的感染,使其明白习练武术的本真为何。由此可见,习练武术不单单是一种技能上的中华民族传统美德的重要组成部分,更多的是一种民族文化的传递过程,从它的忠、信、孝、悌、礼、义、廉、耻与扬善、诚信、爱国、正义等道德观念可以看出,武术在当今时代的价值依旧,并不与现代社会脱离。

现实所处的社会已经被利益太多地浸染,人们逐渐在这种大环境下迷失了方向,甚至失去了本应有的人性。社会主义精神文明建设正是为了扭转这种人们的精神缺失而提出的伟大工程,期望以此重新唤醒人们对中华民族传统美德的重视,提高国民的民族精神与优秀品德,弘扬以爱国主义为核心的伟大精神。以"武德"为核心思想的传统武术已经在大、中、小学中开展,成为不可或缺的体育教育内容,它将为培养青少年顽强拼搏、勤学刻苦、尊师重道、爱国主义等优秀品质做出卓越贡献,为社会主义精神文明建设提供助力。

三、武术精神与社会主义核心价值观

(一)武术精神的内涵与核心价值观的关联性分析

1. 武术精神内涵中的当代价值

先秦时期的武术是我国传统武术的开端,而与传统武术相伴而来的武术文化也由此开始形成。最初的武术只是人们强身健体的方式,同时,在军事领域上有着更多的用途。随着历史的不断发展及社会文明不断进步,武术与传统文化逐渐融合,另外,其还被赋予了爱国、坚强、仁义等精神内涵。对于传统武术的习练而言,如果习练者没有高尚的道德修养就不配称为一个高尚的武者。其原因在于习武实质上是一种自身的修行,武术只是这种修行的外在表现形式,因此,习武不仅要求在技艺上不断地勤加练习,更要求能够对心性进行磨砺。如果只是在武艺上略胜一筹,没有高尚的道德品质,充其量就是一个莽撞打手而已。综观我国历史上的武术大家,无一不是武艺与品德兼修之人。真正的大师,在长时间的修炼中,会磨砺出坚强、谦让、诚信、友善的高贵品质,这些就是中国武术的精神内涵。

传统武术的历史非常悠久,其精神的存在吸取了我国古代儒、释、道的思想,由此使其从古代到今天都对中国人产生巨大的影响,武术精神一直鼓舞着中华儿女、炎黄子孙自强不息、不断创新。时至今日,武术精神的内涵在新时代的社会主义核心价值体系中依旧可见,继续发挥着它不可替代的精神作用。当代的价值观就是社会主义核心价值体系,是党在十八大上提出的,即"24字","富强、民主、文明、和谐、自由、平等、公正、法制、爱国、敬业、诚信、友善",核心价值观是当代人民的精神内涵,是促进社会主义建设发展,鼓舞中国人实现"中国梦"的精神支柱。

总的来看,当今所推崇的核心价值观中有许多与传统武术精神所推崇的内容相近,甚至可以说现代价值观是受到了武术精神传承的影响。爱国主义、诚信、友善等这些从武术精神借鉴而来的当代价值观,具有新的时代内涵,不得不说核心价值观是从包括武术精神在内的传统文化中汲取的。

2. 武术精神的内涵与核心价值观的相互促进关系

武术精神的内涵与核心价值观之间是一种相互包容的关系,它们都源于传统文化,拥有共同的文化基础。两者的包容关系具体解释有如下三点:

第一,核心价值观中的一些内容是从武术精神中汲取的,与核心价值观本体内容结合后形成了新的价值体系,如爱国、诚信、友善等。在新时代下很显然这种新内涵有利于社会的发展和中华民族伟大复兴中国梦的实现,也为弘扬传统的优秀文化提供了桥梁。

第二,武术精神有其积极向上的一面,并且在新时代中,这种积极的内容仍旧需要进一步创新,以期获得与时俱进的发展。如此也就使得武术精神改变自己及其在社会主义核心价值体系框架中的改革创新就显得很有必要。

第三,当下展现在人们眼前的武术精神已经与过去有所不同,它是一种在社会主义价值观的指导下创新发展而来的。在当下,我国致力于建设社会主义和谐社会,武术精神则成为这种社会核心价值观的重要载体之一,成为价值观的具体指向,为弘扬社会主义价值观发挥独特的作用。

(二)武术精神与核心价值观的创新

1.通过武术精神来影响人们的当代核心价值观

我国社会主义核心价值体系形成的重大意义在于为了使社会的发展始终与主流发展趋势相适应,其最终的目标是致力于中华民族伟大复兴中国梦的实现。为此,许多社会学家和政治学家都从多个角度对社会主义核心价值观进行了分析,认为社会主义核心价值观的内涵是以爱国主义为基础,以以人为本为主体,以和谐社会为灵魂。武术精神和核心价值观都是立足于我国的发展与文化传承,两者的统一目标都是以民族精神为根基。在现代生活中我们极力宣传和学习核心价值观,同时,我们也应积极弘扬武术精神中的优秀成果,这样才会对当代价值观的传播起到良好的推动作用。与此同时,我们也应赋予武术精神当代的精神内涵。

2.通过核心价值观实施对武术精神指导创新

社会主义核心价值观对武术精神的创新也有一定的指导作用,这种作用的最大体现就在爱国、和谐和自强三个方面。

首先,精忠爱国自不必多说,这是武术精神中的重要内涵。尽管在现代武术的军事价值大减,但武术强身健体的最大功能依旧对国家的建设起到重要的作用。

其次,和谐是武术精神的品质要求。传统武术的一大特点就在于其是对习练者内在和外在的双重修炼,达到内外兼修的境界,实际上这也就是一种追求内外和谐的理念,有时甚至对内的修炼的意义还要大于外在的修炼,对人达到"育"的作用。而现代社会对武术精神的创新,依旧秉承了这一思想原则,追求以人为本,促进人的全面发展。

最后,武术精神中的自强不息是它的基本诉求。众所周知,习练武术不是简单的事情,在正式练习武术前要打好坚实的基本功,然后才是技术动作的学习,最后还有内在气质的练习。只有那些拥有持之以恒毅力的人才能最终练成。这种精神对个人的坚韧品质的历练是这样,而对于一个国家和社会来讲其道理也是这样,只有国人拥有自强不息的精神,才能在各种环境中都能持之以恒地为国家的发展与长久的繁荣添砖加瓦。

第三节 传统武术文化与和谐社会建设

一、我国传统文化中"和"的内涵

在深层的价值系统层面,特定文化共同体的文化传统与浸润于其中的人群之间的关系并非是一种游离在外部的关系,而是一种内在的关系。我国民族传统文化的发展历史中也已经有许多先例证明了过度引入西方文化是错误的行为。只有具有内在生命力的文化传统的基础后,再对民族优秀文化的整合,才是文化创新的正确方式。一个民族赖以生存的根基是其民族文化,文化精神和谐是构建和谐社会的核心内容。要全面营造精神和谐的社会,就必须把思想道德建设与培养民族精神置于一个较为显著的位置。

关于和谐社会的问题研究,总归不能忽视对一个"和"字的研究,也就是要了解这个"和"的真正意义是什么,如此才不会使和谐社会的发展走偏了路。对这个"和"字的研究,与不同元素搭配产生不同的含义,每种"和"的元素都对社会与文化产生重要影响。

(1)我国学者张立文教授认为,"和合"是中华民族特有的思想,所谓"和合"二字中的"和"是和谐、和平、祥和之意;"合"则是结合、融合、合作之意。在我国近代史的发展中,西方文明进入我国,一度使我国对自身的传统文化产生了质疑,认为是一种落后的、腐朽的文化。我国的文化在那一时期的没落速度很快,西方文明快速涌入我国。在这一文化激烈对撞的过程中，人们普遍认可文化的二元对立观点，认为文化的融合只能是一方吃掉一方的形式来达到最终的统一。然而，"和合学"不采取二元对立的思维模式，而以体用论思维方式，即使传统与现代保持一定的强力，又使其会通融合，即运用融突和合思维模式，使传统文化的诸因素融突和合"转生"，使新生命、新事物生生不息。"和合学"看似和谐圆满，但这并不代表它本身就不存在矛盾，但其内部的诸多元素又可以做到互相补充、相反相成，这恰好也成为融合的一种形式，共同促成了新生。

（2）和生意识是指各民族、文化、生存在社会中的人等都应相互和生。和生是共荣的基础。不过，我们也应该承认，在和生的过程中不可能达到完全的和谐，总是会为了某些利益导致争夺或冲突。不过，这种争夺与冲突的最终结果还是导向和谐与融合的，以宏观的历史发展来看，总归还是有益的，甚至可以称其为是一种不破不立的行为。

（3）和处意识是人与自然、社会、他人、心灵、文明，都处在共同的环境中。人类在这个环境中是最为脆弱的，因为一旦人在离开自然、社会、他人、文明后，就处于不存在的状态中。所以，为了人类更好地生存，不仅需要自己生存下来，还需要让周边的环境也得到好的生存状态，达到"和处"的状态。

（4）和立意识追求的是任何事物都有自身的独立性，因此对共同的存在，也就是"立"有一个正确的认识。人类的本性使得其总想通过消灭对立面的方式展现自身的威严，其实，这种想法有人类思维劣根性的影响。实际上，存在的任何事物都有其独立存在的形式与意义。为了能够一同"和立"，急需建立这个意识，而不是唯我独尊，强加于人，追求多样、多元的和生、和处、和立，这便是和立意识或和立原理。

（5）和达意识追求的是在当前多元文化、多元发展、多元样式各种错综复杂情境中求取协调、和谐，以共同发达的状态。

（6）和爱意识追求的是上述和生、和处、和立、和达意识的基础和核心。在"和爱"意识的要求下,人们需要懂得爱、珍惜爱、学会爱,将培养爱的能力重视起来,"只要人人都献出一点爱,社会将变成美好的人间"就不是一句空话。

二、武术和谐发展的重要性和必要性

(一)武术的和谐发展是社会和谐发展中的一部分

我国的传统武术在我国文化中孕育而生,其中包含有几乎所有传统文化的内涵。可以说,传统武术是中华文化的缩影和民族精神的象征,它长期以来在强身健体、军事、传统艺术等方面都发挥着巨大的价值。即便是在当代社会中,传统武术也在力求有更新的发展,不断寻觅着任何可能的发展契机,这不仅仅体现在对奥运会正式比赛项目的资格获取上,更体现在其仍旧是以一种独特的姿态代表着中华民族,被时代赋予了武术人为之奋斗的使命感和责任感。

尽管传统武术源于我国,但它也是属于全世界的。在当今信息科技高速发展的时代,传统武术成为全世界武术爱好者青睐的武术项目。这使得传统武术一下成为展示中华文明的最佳名片。武术在未来社会发展中,不仅会促进和加强与世界人民的交流、沟通和友谊,而且其诸多价值也会造福世界。

(二)武术和谐发展之路

武术的和谐发展首先要遵循武术自身的发展规律,也就是确立武术技击的本质属性,恢复武德在武术中的核心地位,树立武术的科学发展观,实现武术自身的全面、协调、健康发展。要逐步实现武术界达成共识,形成相互尊重、共谋发展,百家争鸣、百花齐放的和谐新局面。

1.发展中要坚持武术的本质特点与规律

传统武术是武术之源,是武术的发展基础。发展武术必须从恢复武术的技击本质出发,也唯有如此才能从根本上解决武术的发展问题。第一,传统武术的发展应当形成传统套路、功法练习和传统武术的搏击为一体的技术体系。研究传统武术的呈现形式,不能仅按照竞技体育的形式改造传统武术,单纯竞技化武术不适合世界人民对武术的内在需要,也不利于武术真正走向世界。加大对传统武术的保护力度,从社会变迁对传统武术传承形式变革的角度,探讨符合现代社会的传统武术继承和发扬的方法。第二,加快武术体育化进程。开发多层次、多种形式的武术运动项目,以适应不同人群对武术的需要。要按照现代体育的要求,形成竞赛目标明确、竞赛规则完备、评定标准简易客观、技术体系规范并便于普及推广的武术运动项目。运用体育竞赛的杠杆作用促进武术运动项目的开展。第三,加强武德教育功能,形成武德与武技并重发展的局面。武德教育是扩大武术社会影响的重要前提,加强习武者武德教育,维护武术的声誉,吸引更多、更优秀的人参与到武术运动中来,提升武术的社会地位。

2. 深入研究武术的核心价值及其功能结构

中国武术之所以在世界武坛独具魅力,最根本原因就是在其技击特性之中所蕴含的博大精深的中华传统文化精髓。技击和武德共同构成武术整体,正如阴与阳构成太极整体一样,武术的核心价值在于技击和武德构成的统一体。两者存在于矛盾的统一体,并彼此强化。和则两生,分则两伤。

3. 重视传统武术的传承与创新

创新是一个民族的灵魂,继承与创新是武术发展的必由之路。传统绝不是死亡的历史,是一个不断变化、不断革新、不断丰富、不断新生的过程。一方面传统在吸收新生活的光照中批判、充实、改造、完善自己,以与现代相适应;另一方面传统是一种活着的过去,是一种文化精神的活着的过去,因此,从传统到现代,是一种活着的文化精神被吸收、结合、融合到一种现代的、新生的、发展着的文化精神中去的过程。从这个意义上说,一切传统都是现代。武术体育化是当代社会对武术发展的要求。西方体育的形式有其自身的优势,这种优势如同西方工业文明一样,具有农业文明所不可抗拒的因素。具体表现在:具有规范性、竞争性、实证性和高效率、同一性、科学性等特征。因此,武术的发展需要用最先进的成果进行适应体育化的改造、创新和发展,这也是武术快速发展的必然途径。

在传统武术向现代体育转型的过程中,要注意以下几点:

(1)明确传统武术中的内容是否在转型之后仍旧具有积极意义,对其中有更高的体育化改造价值的内容优先改造,与此同时,剔除传统武术中残留的带有腐朽封建主义的内容。

(2)对传统武术中的技术改造继续尝试,并要求在追求健身和保健功能增加的同时,也不能完全摒弃武术技击技术的攻击性特点。

(3)建立、健全科学完善的管理体制、竞赛体制和公平的比赛规则,这是促使武术现代化和竞技化发展的根本要求。

(4)重视传统武术中礼仪和武德的传承。

(5)推出适合武术特色的训练服装,并与段位制相结合。

(6)积极探索传统武术进校园工作,使我国的未来一代都对传统武术有基本的认识。

(三)武术界的和谐发展是关键

1.武术界长期存在的不和谐因素

新中国成立以来,在党和政府的重视和关怀下,武术运动获得了蓬勃发展。由于武术运动所具有的独特价值,全国各地习武人员众多。据不完全统计,目前全国各种形式的武术馆、校有1万多所,习武人数达7 000万之多,这样一个庞大的习武群体的和谐发展,是我国社会主义社会整体和谐发展所不可忽视的重要组成部分。武术在进步和发展的同时,也不可避免地存在一些不和

谐因素,主要表现在以下几个方面:

首先,由于历史的原因,长期以来武术处在社会文化结构的下层,它与封闭、保守、分散的小农经济形态结构结成深厚的关系,更容易接受和迎合社会的低层次文化心态,形成武术这一传统文化无可辩驳的事实特征——精华与糟粕并存。比如,门户之见、宗派主义、封建迷信等都是影响武术自身发展的消极因素和重大障碍。种种原因造成同行之间不团结现象较为普遍。归根结底地看就是一个思想意识、道德品质的问题。狭隘的名利观念,促使着那虚荣贪利的幽灵不断探头。它反对团结一致,反对相互促进、共同繁荣,反对改革创新。它是武术文化中的糟粕,武术发展的绊脚石,社会和谐发展的拦路虎。

其次,面对现代社会中的浮华景象,优秀传统武德甚至被认为是一种做作和清高,反倒是那些腐朽没落的江湖义气等糟粕获得了市场。再加上一些影视作品对武德与义气的曲解,使人们对武德有了误解,以至于有些地方武术馆、校甚至打着继承民族传统武术文化的幌子,向学生灌输"以霸为荣""江湖义气"等歪风,赤裸裸地把武术教育作为谋取私利的工具,使武术的攻防技击格斗成为打架斗殴、抢劫杀人等违法犯罪行为的有力工具,严重损害了武术界在社会上的声誉。上述种种问题均反映出了现代传统武术在武德教育方面的缺失,长此以往后果不堪设想。

2.武术界和谐发展的途径

首先,消除门户之见,在武术界达成共识,共谋发展。武术门派对于传统武术的继承和保护具有不可替代的作用,然而,也极易产生门派偏见与门派之争,这对武术的继承与发展十分不利。长期以来,受农耕文明和小农经济影响,所形成的封闭、保守的思想,在全球化、现代化发展的今天,已经失去了存在的经济和思想基础,不能适应时代发展的潮流和趋势,武术界必须正确认识社会的发展和变化,与时俱进,达成共识,团结一致,为武术的发展营造良好的氛围。

其次,武术界要面向未来,树立和生、和处、和立、和达、和爱的新观念,形成相互尊重、相互包容,百家争鸣、百花齐放的新局面。西周末年周太史史伯说:"和实生物,同则不继。以他平他谓之和。""和"包括了"他"与"他"的关系,即包含不同事物的关系。许多不同的事物之间保持一定的平衡,谓之"和"。"和"可以说是多样性的统一。"和实生物","和"是新事物生成的规律。"和"表现了不同事物、不同观点的相异相补、相反相成,这是文化发展必须遵循的准则。

三、发挥武术在和谐社会构建中的作用

对传统武术文化价值的开发有助于促进其与社会其他方面的融合与和谐发展,即传统武术对和谐社会的构建起到了一定程度的积极作用。

(一)弘扬民族精神,促进和谐社会的构建

"民族精神是一个民族的生命力、创造力和凝聚力的集中体现,是一个民族赖以生存和发展的核心与灵魂"[1]。另外,学者李翔海也在他的《和谐社会建构:以中华民族精神作为内在动力》一文中指出:"只有充分显发民族文化精神的主体性,我们才能完成在当代中国建构和谐社会的历史任务,以作为中华民族赖以生存和发展的精神支撑的中华民族精神作为建构和谐社会的内在动力,无疑是民族文化精神主体性的重要体现,也只有如此,才能进而通过和谐社会的成功建构。"[2]

传统武术中的诚信守义、厚德载物、自强不息、爱国保家、勤劳勇敢等精神都是中华民族精神的突出体现,这与和谐社会构建的思路一致。因此,发展传统武术就显得很有意义。

---

[1] 费孝通等.中国文化与全球化[M].南京:江苏教育出版社,2003.
[2] 李翔海.和谐社会构建:以中华民族精神作为内在动力[J].中山大学学报,2005(06).

(二)武德的发扬是武术与社会和谐发展的纽带

传统武术中强调的武德,实际上是明确了一个对于习武者个人品行道德的标准。这个标准不仅要求习武之人所应具备的品行,更涵盖了如爱国之德、处世之德和侠义之德等更多育人的"营养成分"。它教育习武者应将更多的追求放在精神层次上,而非物欲,以利于人与人、人与自然、人与社会的和谐发展。

由此可见,武德所影射的层面已经不仅是习武者或武术节本身了,它更是整个体育界和社会各个行业中的一种"德",进而成为整个社会和谐发展的桥梁、纽带和催化剂。

(三)发挥武术育人的作用,培养和谐社会建设的优秀人才

传统武术的育人价值已经是被广泛认可的。通过传统武术的教育,能够使人养成生生不息、不淫不移、不屈不挠、刚毅正直的民族性格以及身心健康并具有良好适应能力的人,这类人才成为社会主义和谐社会构建的中坚力量确实是一大幸事。

对于社会的建设来说,生产力只是其中的一个重要方面,除此之外的另一个重要方面就是一个民族的进取精神。只有两者兼备、相互扶持才具备了民族腾飞的两个翅膀。综观世界历史可以发现,大多数文明的竞争最根本的还是民族性格的竞争。近代西方主导了先进的发展方向,其也是建立在强悍进取的民族性格基础之上才实现的。而我们要想实现中华民族的伟大复兴,这一点也是要坚定走上的道路。

第三章 传统武术教育价值及实现

在文化发展中,教育占有十分重要的地位。传统武术的教育价值是传统武术文化得以保存、传递、改革、创新的保障。本章主要来研究传统武术的教育价值及实现,主要研究武术教育价值的演变、属性、基本构成和实现策略。

第一节 传统武术教育价值的演变研究

传统武术是中华民族优秀的文化遗产,具有丰富的文化内涵。传统武术在漫长的历史发展过程中,所体现出的教育价值也伴随着时代更迭而产生相应的变化。

在原始社会时期还没有出现武术运动,但如果对体育的价值进行认知的话,要从这一时期来分析。原始社会时期,人们在原始生产劳动的基础上逐渐发明一些活动,这些活动对于提高身体素质具有重要的作用。夏朝时期已经出现了贵族学校,在这一时期的学校教育中已经出现了体育的内容,具体内容是"习射"及各种武艺的教学。到了西周,教育更加注重全面发展,培养能文能武的人才。在当时的教育中,武士教育已经得到了大家的重视,在身体锻炼乃至整个社会教育中都具有强烈的价值意义。孔子认为,进行教育就是为了培养"文武兼备"的"仁人"。

传统武术在我国波澜壮阔的历史发展中占据一席之地,并且与社会、经济、政治和文化等方面充分联系。在历史发展中,传统武术文化既显示出体育属性和体育文化特征,也显示出了不同时代的价值功能。另外,在不同朝代有着不同的局面和形势,传统武术被赋予的历史进程和使命也会有所不同,从而使得传统武术具有各种价值功能。

根据我国历史发展来看,可将传统武术分为三个不同的发展历史时期,在不同阶段的社会发展中,传统武术的价值功能也在不断发展、演变。

一、古代武术的教育价值功能

相关专家与学者认为,传统武术在原始社会时期开始萌芽。在这一时期,传统武术就已经表现出丰富的价值功能,促进和推动着社会的发展。

(一)技击和生存的价值功能

原始社会时期,人类在野外环境生存,条件十分艰苦,为了活下去,要积极应对各种野生动物的袭击和自然灾害的侵袭。就是在这种背景与环境下,原始人类慢慢意识到掌握和学习生存格斗技能是十分重要的。原始人类在生存发展的过程中逐渐将这种抵御猛兽、抗击自然灾害的本能行为转化为相应的自觉意识,并逐渐开始运用各种原始的武器,做出相应的攻击动作,这使得传统武术展现出最普遍的价值功能,也就是生存保障价值。

在原始社会,原始人生活的全部就是"生存",他们最大的敌人就是残酷的自然灾害、猛兽的袭击和异族的侵略,而武术在此时还没有发展完善的活动形式就已经能为人们的生存和生活提供必要的保障。

(二)宗教教育价值

在原始社会时期,人类对未知的世界充满了恐惧,相应地就产生了宗教崇拜。原始人类认为,人所得到的一切都是老天爷的赐予,因此,在原始社会中,各个氏族部落中会进行各种形式的祭祀活动。在祭祀过程中,通过"武舞"来祈福,这种祈福的形式被很多学者认为是武术运动的重要来源之一。在原始社会中的这些宗教活动都表明传统武术形成运动文化前,便早已以宗教功能的形式存在了。

(三)军事教育价值

人类文明从原始社会逐步跨入到奴隶社会,处于萌芽状态的传统武术为人类与大自然进行抗争提供了相应的物质基础,同时,原始武术也是部落战争时人类进行打斗的重要手段。随着社会出现私有制,奴隶制逐步被确立,因为利益分配导致矛盾激化,相应地就发生冲突,使得战争不可避免。

在原始部落之间,为了争夺利益与财产,部落部族中经常利用武术的技击功能来训练参加战争的武士。武术为人类相互争夺利益和财产提供了一定的"服务",而战争又在一定程度上促进武术运动的发展。

从奴隶社会到封建社会,传统武术还是统治阶级进行统治的重要工具之一。为了统治天下子民,尽可能地削弱民间的武力,统治阶级推动武术运动向专业化和职业化迈进,并成立了相应的军事组织进行统治,因此,武术的技击功能也就得到了充分的展现。

(四)娱乐价值功能

武术不仅发展出了技击功能,其娱乐功能也被挖掘出来,其这一功能对于生活在古代社会的人们具有重要意义。在《史记·项羽本纪》中,记载了刘邦、项羽争霸时发生的"鸿门宴",留下了"项庄舞剑,意在沛公"的典故。"范增起,出招项庄,谓曰:'君王为人不忍,若入前为寿,寿毕,请以剑舞,因击沛公于坐,杀之。'庄则入为寿。寿毕,曰:'君王与沛公饮,军中无以为乐,请以剑舞。'项伯亦拔剑起舞,常以身翼蔽沛公,庄不得击。"由此可见,传统武术在这一时期就已经显示出娱乐功能。

唐代杜甫曾作"霍如羿射九日落,矫如群帝骖龙翔。来如雷霆收震怒,罢如江海凝清光",充分赞叹了公孙大娘高超的舞剑技艺。再比如射箭运动，最开始是一种冷兵器，用于军事战争，其后上升为"礼"的境界，称为"射礼"，逐渐发展了道德礼仪的内容，使之成为一种充满高尚气息的活动。再比如汉代兴起的角抵运动，对传统武术的发展具有重要的促进作用。汉武帝时期，角抵运动得到了极大的发展，融合了歌舞、戏曲、杂技和幻术等多种艺术的元素，从此角抵的内涵更加丰富，影响更为深远，增添了娱乐的色彩，名为"角抵戏"。

总体来说，在古代社会中，武术逐渐被提炼出多方面的价值和作用：一方面，传统武术可以作为个体进行防身自卫的重要手段；另一方面，传统武术还能成为部落和国家之间进行军事战争的重要工具。

二、近代武术的教育价值功能

历史的轨迹踏入到近代，此时中国在清王朝的腐朽统治下，中华民族内忧外患，遭受了空前的侵略和奴役，此时无数仁人志士不断抗争。在民族危急存亡的背景下，为了救亡图存，传统武术又得到了进一步的发展，传统武术文化愈发成熟。近代时期，很多爱国的武术家团结在一起，成立了武术组织团体，立志振兴武术，奋发图强，抗战救国。这一时期，传统武术进入到了学校课堂之中，人们对武术运动有了更多的研究，并且开始以更科学的理论来评价武术，传统武术逐渐朝向科学化和规范化的方向前进。

在这一发展背景下，武术的价值和功能相应地发生了变化，逐渐从一种实用有效的技击方法转变为鼓舞精神的手段，成为人们"自强不息"的精神表现。造成这种现象的原因是，清朝晚期西方的坚船利炮轰开了紧闭的国门，而我国也逐渐意识到这些西方火炮的威力，之前的冷兵器逐渐退出历史舞台，在战争方式上发生了重大改变，用洋枪洋炮取代了之前的十八般兵器，从而使得武术的军事价值越来越低。

(一)军事教育价值的弱化

在冷兵器盛行的年代,军队的战斗能力主要取决于将士的身体素质以及使用武器和技巧的熟练程度,也就是武术能力。在战斗的过程中,士兵的体力和敏捷显得尤为重要,这在一定程度上影响着战争的结果。

近代以来,火器逐渐普及和应用,冷兵器时代逐渐走向了尽头,从而使得传统武术逐渐失去了军事价值。清王朝长期采取闭关锁国的政策,从而国内跟不上世界发展,科学技术水平停滞不前,使国家实力逐渐衰落,而清朝的统治者依然坐井观天,夜郎自大,不思进取。当西方列强的坚船利炮打开封闭的国门时,中国士兵仅凭手中的冷兵器是无法抵抗侵略者的。战争方式的变化使得传统武术作为重要战斗手段的时代逐渐开始成为过去,武术运动的军事价值愈发弱化。

(二)学校教育价值功能的发展

传统武术是在社会发展中形成和不断发展的,在不同时期均反映着国家的民族文化和民族精神。从这点就能看出,传统武术文化具有重要的教育价值,对培育和发扬民族精神、铸就尚武精神具有重大的促进作用。近代时期就是我国的屈辱史,此时国内局势动荡,内忧外患,无数仁人志士为救亡图存奔走呼号。在这个特定的背景下,武术的教育价值功能展现无遗。例如,一代宗师霍元甲,他立志振兴中华武术,抗争西方列强,为此成立了精武体育会,传播武术文化,武术运动得到了更大的普及和发展。

这一时期,武术的教育价值功能还体现在学校体育教学中。1915年,传统武术进入到学校教育中,对于武术的研究也逐渐增多,人们开始以科学的观点来认识武术。武术的教育价值功能已为社会各阶层广泛接受。

(三)健身、养生价值的发展

传统武术与传统医学和道家的养生修道的相关理论具有密

切联系。中华传统医学注重对人的养生和保健,采用阴阳五行学说,倡导人体气血和阴阳的平衡。而产生于先秦的道家理论更不用多说,其主张养生和现世修行。例如,武当武术产生于道教的养生和健身需要,把精神和肉体的修炼作为手段,将福、禄、寿、喜作为毕生追求,最终实现延年益寿、长生不老的目标。因此,传统武术在观念上与一般的体育运动项目有着很大的差异,其具有的健身价值功能也相对独特。

近代以来,伴随着国土沦丧和大众嗟伤,尚武精神使得武术运动唤醒了其锻炼价值。诸多爱国人士意识到,中华民族的强弱存亡与国民体质关系重大。因此,习武健身、强种保国逐渐成为近代中国的社会主流思想,武术因为能强健体质,所以受到了充分的重视。

在民族危机存亡之时,人们多从社会政治需要出发来认识武术的健身作用,并不是以个人的发展为出发点,这与现在锻炼身体的初衷是不一样的。随着近代科学在我国的不断传播,也促进了武术的科学化发展,进而导致对传统武术的健身、养生价值也进行科学化的探讨。人们运用一些现代科学理论来研究、分析和认识武术的健身作用,这在一定程度上促进了传统武术的健身和养生价值的发展。

(四)竞技、观赏价值功能的发展

武术的竞技、观赏价值是传统武术为什么具有无穷魅力的原因之一。在20世纪初,传统武术逐渐出现在各大运动会上,成为正式比赛项目。近代以来,武术的观赏价值也逐渐得到了发展,人们对其的关注程度逐渐提高。

总而言之,武术运动发展到近代后,其价值功能产生诸多变化,在这一过程中,武术运动的总体发展特征是体育化、科学化和竞技化发展趋势逐渐加强。

三、现代武术的教育价值功能

到了现代,传统武术要想得到更好的发展就必须充分融入社会。如今,随着物质条件的改善,人们的生活水平越来越高,在武术生活逐渐丰富的同时,人们的精神文化方面的需求也越来越高。因此,传统武术必须适应现代社会的发展,其价值功能也要相对变化。具体而言,其在现代发生的变化表现在如下几方面:

(一)文化教育功能

在现代社会中,传统武术作为一种重要的文化教育手段,充分运用了其教育功能。现代传统武术教育中更重视在文化上的教育,而体育教育方面却有所忽视;而在文化教育中,相对缺乏对传统文化的教育,这种教育观念对学生的全面发展是十分不利的。传统武术教学有以下优点:

第一,开展传统武术教学能培养学生对民族传统文化的兴趣,培养爱国之情;发展健全的个人品格,努力奋斗、开拓进取。通过武德教育增强学生的约束能力,形成良好的人际关系;培养学生尊师重道、遵守纪律的品行。

第二,通过传统武术教学,能全面提高学生的身体素质。学生身体素质包括两方面的内容:一方面是指促进身体机能、身体形态和心理状态的健康发育;另一方面是指身体各方面素质的全面发展,包括身体素质(力量、速度、柔韧性、耐力等)、持续劳动能力以及体能能力等。

第三,通过传统武术教学,学生能学习并掌握武术运动的基本技术和基础知识;能够培养学生形成主动锻炼的良好习惯,不断提高技术水平,形成"终身体育"的意识。

总而言之,传统武术的文化教育功能是十分明显的,通过开展传统武术教学,全面提升学生的身心发展和道德素养,对学生的人生发展具有积极的指导作用。

(二)竞技价值功能

竞赛是运动项目最高的实施方法,是运动项目得以延续和发展的重要推动力,能够调动全社会各方面对该运动的积极性,所以,传统武术的竞技化发展是必经之路。

1959年,当时国家体委借鉴了奥运会体操竞赛方法和规则,制定了第一版《武术竞赛规则》。此后,又根据竞技体育的发展方式,制定了武术竞赛的制度和人员等级制度等。1989年,代表竞技武术对抗的散打运动,经反复实验研究后正式加入了全国武术锦标赛,进一步完善了武术的竞赛内容,丰富了传统武术的竞技内涵。

自1983年开始,我国有计划、有次序地进行武术运动的推广工作。通过相关人士的不断努力,传统武术正式成为亚运会和东亚运动会的重要比赛项目。此外,在我国的倡导下,于1990年正式成立了国际武术联合会,多次举办了世界武术锦标赛,使得武术的竞技化得到了进一步的发展。

总体来看,现代武术的竞技价值功能是弘扬民族精神,为国争光,对培养性格、发展个性具有重要意义。

(三)健身价值

健身价值是武术的重要价值功能。近代后,随着各方面实践和理论的不断进步,武术的健身价值功能得到了充分的挖掘与发展,传统武术逐渐成为人们重要的健身方式。例如,太极拳的特点是动作柔和、缓慢,处处有弧形,动静结合,圆活不滞,在打太极拳的过程中,通过协调地活动身体,整套动作做出来的感觉是行云流水,连绵不绝。太极拳的动作十分柔和、舒缓,不会让机体产生剧烈的变化,因此,不同年龄、性别的人群都可以练习太极拳,尤其适合于体弱多病和老年人群体。太极拳运动在全世界的普及,已成为中华传统武术对世界健康的一大贡献。

在现代,传统武术对促进身体的健康发展和抵抗衰老等方面都有很大的价值。通过开展传统武术运动,能够有效促进其健身作用的发挥,增强人民体质。

(四)审美与娱乐价值

审美与娱乐价值也是现代武术的重要价值功能。人们在观看武术赛事或武术表演时,可以使自己的精神充分得到满足,体验到武术的娱乐价值。通过观看传统武术,能够更好地体验和感受到武术运动的美感,得到良好的美学感应,满足个人的精神文化需求。在传统武术比赛过程中,习武者身体之美、武术动作之美、武术套路的意境和风格之美都能愉悦人的身心,使人获得理想的心理体验。

武术的娱乐价值不仅表现在外在形式上,其具备的技击性也广受人们的崇拜与欢迎。在武术对抗中,习武者能把自身的勇敢、威武、顽强、聪慧甚至暴力的特征充分显示出来,使得观赏者在思想上受到刺激,精神上得到满足。

(五)社会交往价值功能

在现实生活中,不论是工作学习还是娱乐生活,都需要人与人之间传递信息、联络感情、沟通交流。但现实生活往往并不是大家期望的那样,会因为诸多因素造成人们之间沟通不畅,常见的沟通障碍有年龄代沟、组织地位不同、文化的差异等。而在进行传统武术锻炼时,每个人与生俱来都是平等的,会打破参与者的地位、年龄、职业以及文化背景等的差异,人们之间的沟通不会有很大的障碍,能帮助人与人之间联系感情,结交朋友。

另外,传统武术还可作为国家之间进行交流合作的纽带,是我国与其他国家进行友好交流的重要平台。武术的国际化发展不仅能向全世界弘扬中华民族传统文化,还能够让外国人增加对中国的了解,增强国家之间的交流。

时代在发展,社会在进步,传统武术的价值也在不断发展。在新的历史时期,为了迎合时代需要,要不断挖掘武术运动的新价值和新作用,让传统武术继续在神州大地薪火相传。

第二节 传统武术教育价值的属性

传统武术教育价值的属性源于传统武术本身具有的属性。如图 3-1 所示,武术运动本身具有技击属性、文化属性和体育属性,这也让传统武术教育价值也具有了相应的属性。

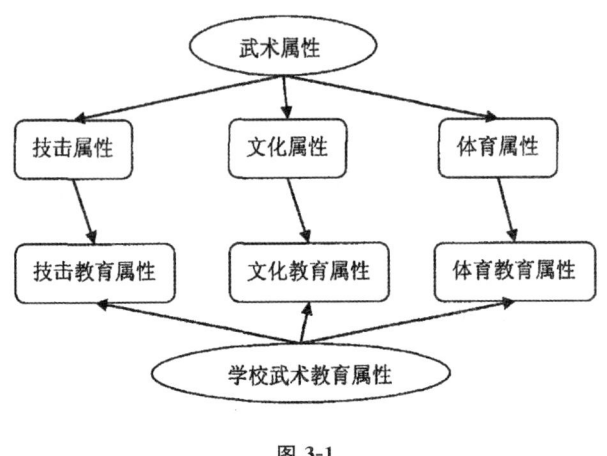

图 3-1

一、体育教育属性

体育教育是以身体活动为基本形式的教育,通过人体的运动才会达到相应的效果,实现相应的目标。运动是体育教育的基本手段,体育教学工作的过程离不开运动,而这也是体育教学与其他学科教学活动的鲜明区别。体育教学的内涵如表 3-1 所示。

体育教育作为学校教育的一个不可忽视的组成部分,是以身体活动为主要形式的教学,在素质教育中培养学生均衡发展起到积极而重要的作用。要知道,体育教育的目的和作用不仅仅是强身健体,同时,它对人体的智力发展、意志品质、道德素质、社会适应能力也有重要的培养作用。一般来说,像语文、数学等文化课的教学通常在室内进行,在进行这些课的教学时,学生不能移动身体,处于静止状态,便于进行教学的组织。体育教学则在室外操场或室内体育馆中进行,学生基本处于运动状态,并且在活动中还会运用到球拍、球等器械,上课场地有塑胶地、草地和室内地板等,教学组织有一定的复杂性。文化课的教学以传授理论知识为重点,并在此基础上培养思考能力和动手能力,而体育教学内容更多为学习并掌握运动技能、发展体能水平、锻炼身体素质以及学习相关体育理论知识。

表 3-1　体育教学概念

体育教学概念	概念要素	本质属性
是教师的教与学生的学的统一活动，具体地说，是学生在教师有目的、有计划的指导下，积极主动地学习与掌握体育卫生保健基础知识和基本技术、技能，锻炼身体、增强体质，发展运动能力，培养思想品德的一种有组织的教育过程	属概念	教育过程
	种差（内涵之一）	有目的、有组织、有计划
	种差（内涵之二）	传授三基
	种差（内涵之三）	增强体质、发展心理、培养思想品德

二、技击教育属性

武术运动的重要特征之一就是攻防技击性，传统武术正是在这个特性的基础上不断发展、不断壮大的。技击以身体活动为基础，是两人之间进行力量和技术的搏斗，具有锻炼身体、增强体质的作用。技击活动在武德的规范和要求下进行。

武术运动的各种套路由各种踢、打、击、摔等技击动作组合形成。为了保持套路的连贯，方便人们进行习练，会增加一些不具备攻防意义的其他辅助动作和衔接动作，但是技击动作仍始终是武术套路的核心。在武术学习中，通过技击教育能够使得学生身心得到发展，促进学生对于武术动作内涵的理解。

三、文化教育属性

传统武术的发展无时无刻不受到中华民族传统文化的影响，要想真正学好传统武术，深入了解我国传统文化是必须要进行的一个环节。因此，开展武术教育一定要加入民族传统文化中的内容，让学生真正了解传统文化的精髓，体现出武术教学具有的文化教育属性。

另外，传统武术蕴含着相应的思想观念和道德准则，在练武中必须要做到这些。所以，换句话说，习练传统武术能够对思想和行为产生一定的影响，而这也是很多运动项目所不能达到的重要特点。在习练武术时，习练者要注重武德的修炼，修身养性、完善自我。可见，对中国传统文化的领悟，不同的教育方式即使产生同样的教育效果，但其途径和过程却是相异的。①

概括地说，武术教育具有重要的体育教育属性、积极教育属性和文化教育属性，三者构成了对立统一的整体，相互之间具有潜移默化的影响，为武术教育价值的实现共同发挥着作用。

第三节　传统武术教育价值的基本构成

在源远流长、经久不衰的中华民族传统文化中，传统武术是一朵永开不败的盛花。武术运动不仅集精深的哲学思想、系统的技击理论、完整的锻炼体系和一定的攻防效果于一身，而且它作为一种特殊的文化形态具有十分丰富的文化内涵，对中华儿女来说是一笔宝贵的财富。武术的形成反映了中华民族的智慧与创造，表现出中国人民在体育科学领域里的独特的创造力，武术运动本身也成为中华文化的象征。传统武术魅力独特，如果想要有更大的发展，被更多人所认可，就要从它本身蕴藏的价值来认识它。

一、传统武术的体育价值

传统武术在大众体育中是重要的组成部分，祖国各族人民在不断繁衍生息中创造了传统武术这一独特的运动形式，在不断实践中逐渐积累了符合各民族自身特点的健身形式。通过因地制

---

① 刘彩平.当代学校武术教育价值刍论[D].北京体育大学,2010.

宜开展各种武术活动,充分利用传统武术的优势,发挥其作用,对于全民健身计划的实施具有强大的推动作用。

武术运动自诞生之日起就具备了三大价值,即练、用、看。练,即通过各种形式的练习达到锻炼身体的目的;用,是通过演练各种技能,达到防卫自身或制伏对手的目的;看,是以观赏武术表演的形式,使身心达到愉悦。相对来说,这三者在不同的年代显示出不同的价值。虽然武术的价值很多,但最重要的还是健身价值,在冷兵器时代结束以后,武术更加突出了其健身价值,尤其在当今社会,随着全民健身计划的实施,全国人民参加体育锻炼的热情不断高涨,势必会有更多的人通过武术这一锻炼方式,达到强体健身目的。

(一)健身价值

1. 对神经系统的影响

武术套路有着众多复杂的动作,强调手、眼、身法、步、精神、气、力、功的协调配合,同时,讲究意与气合,气与力合,手与足合,肘与膝合,肩与胯合。有些武术项目中需要利用相关的器械,还要求身体与器械相互协调,在这些要求下进行武术练习,必然对神经系统产生良好的影响。

相关人员曾经做过身体测试,发现经常从事武术锻炼的人的"反应时"更短,比一般人少 0.2～0.5 秒,数据十分显著。同时,经常从事武术练习,还可促进神经系统活动的均衡发展。

2. 对心血管系统的影响

关于武术运动对人体心血管系统的影响,有许多学者做出相关研究。根据相关资料表明,18～25 岁运动员进行长拳比赛后,其脉搏和收缩压分别为每分钟 170 次、187 毫米汞柱。利用遥控心率仪测得,在自选拳练习时,运动员最高达到 216 次/分钟;自选器械练习时最高达 192 次/分钟,运动结束 4 分钟后,才逐渐恢复到安静水平。12~14岁武术运动员与普通学生在三年内进行对照实验,发现武术运动员的左心室壁平均厚度比普通学生大6.7%,武术运动员的心室舒张末期容积的平均值为79.58立方厘米,普通学生的平均值为74.50立方厘米,相差5.08立方厘米;武术运动员的心室心肌质量的平均值为133.4克,普通学生的平均值为116.5克,相差16.9克。由这些数据可以看出,武术运动对心血管系统的影响是巨大的。

3.对呼吸系统的影响

武术运动对人的呼吸系统有很高的要求,在武术运动中采取的呼吸方法依动作变化有所不同,通常有提、托、聚、沉、憋气及闭气等,对呼吸系统有着较大的影响。

对参加初级长拳的人进行呼吸测试,发现练习后呼吸频率为31~34次/分钟,肺通气量为20~29升,因为有些武术动作速度快、频率快、变化多的特征,需要极大的肺活量,所以,运动时的氧债达到70%~85%,需要6~9分钟才能完全偿还这些氧债,相对代谢率是一般人的9~17.5倍,相当于进行5 000米长跑。对武术专业学生与普通学生的呼吸系统功能检查,武术专业男生的呼吸量及肺活量分别增大2.12厘米和489.17毫升;武术专业女生分别增加1.38厘米和496.6毫升。根据上述数据,足以说明武术运动能提高机体的呼吸能力。

4.对身体素质的影响

经常参加武术练习能够明显提高身体素质,最主要的变化是肢体力量的明显加强和柔韧性的明显提高。通过武术锻炼,能使腹肌、背肌,四肢力量明显得到加强,原因是武术运动中的桩功、甩腰、弹腿以及各种器械练习对身体的综合作用。此外,由于武术套路中有很多大幅度的动作,对柔韧性要求很高,因为每一招每一式都会牵动着相应的肌肉和韧带,通过坚持不懈的锻炼能提高韧带和关节的弹性。

(二)健美价值

1. 对人体基本姿态的影响

武术运动离不开人体的活动,在武术套路动作中能展现人类的多种优美姿态。而人的健美也源自各种身体姿势和动作的展现,在千变万化的动作和招式中得到丰富和发展。站、坐、行是人的最基本的活动姿态,在武术谚语中的"立如松,坐如钟,行如风",就是对站、坐、行姿态的基本要求。

长拳要求身体头正、顶平、收颔、须直、挺胸、拔腰,这种练习能发展人体的背部伸肌,让人体逐渐形成正确的身体姿势。相关资料表明,经常打太极拳的老人出现脊柱畸形的比率为25.8%,而普通老人的发病率为47.2%。发病率降低了那么多,是因为太极拳常讲"虚颔、顶颈、含胸拔背、松腰"等特点,对克服弯腰、驼背具有明显效果。

2. 对身体高度的影响

人长个子的基础是骨骼的发育,而骨骼的生长发育取决于肌肉活动。由于练武时身体各关节的活动范围比较大,相关肌肉在运动中持续收缩和松弛,当肌肉力量定点作用于身体时,加快骨骼的血液循环,增加对骨细胞的营养供给,促进长骨两端骨骼骨化进程的抑制,使骨骼长度增加。所以,长期进行武术锻炼的人能长更高的个子。

3. 对体形的影响

武术运动具有"牵一发而动全身"的特点,因此,武术不仅可以提高四肢力量、加强柔韧性,而且还能减少堆积在腰部和腹部的脂肪。相关测试表明,12~15岁的男子武术运动员,他们的平均胸围比普通同龄人要大0.12厘米,而腰围则比普通同龄人小3.86厘米,而女子运动员的平均腰围比普通同龄人小3.36厘米,平均胸围比普通同龄人大 0.25 厘米。

此外,武术运动中各种腿法和步型的练习能够锻炼臀部肌肉,提高臀肌力量,减少皮下脂肪。从相关测试数据来看,男子武术运动员的盆宽/身高的指数与一般人差异不大,但女子武术运动员均小于普通人。从下肢来看,武术运动中的桩功、腿功、跳跃、平衡等动作主要依靠下肢来进行,这种大的负荷明显促进了下肢肌肉的发育、从相关测试结果来看,武术运动员的男生、女生的大腿围比一般人分别增长了 0.23 厘米和 0.17 厘米。经常参加武术运动的人下肢肌肉隆起,肌肉线条清晰,身姿挺拔。

二、传统武术的德育价值

对于任何人来说都要接受道德教育。道德教育之所以重要,是因为道德作为一种自觉自愿的规范,只有所有社会成员都遵守,才能真正称之为道德。所谓道德规范,就是用群体道德约束和制约社会上每个人的行为,使他们在思想和行为上都具有"善"的特点,但是,这种群体道德如果想真正被社会所接受,必须还要将其转化为每一个社会成员内心自我控制的调节能力,而这个转化过程是通过道德教育来实现的。

古往今来,"德"一直是武术教育始终所推崇和贯彻的。如今,在武术运动中,对习武者进行的思想教育通常被大家称之为武德教育。所谓武德,也就是习武、用武、教武之人的德行。武德起源于古代军事武术,最早的武德是关于军事养兵用兵方面的德行。

据《左传·宣公十二年》记载,楚庄王提出"武有七德",即"夫武,禁暴,戢兵,保大,定功,安民,和众,丰财者也",这是对诸侯用兵首先的要求。到了近代,传统武术的军事功能被削弱,武术以特有的形式进行发展和延伸,武术运动中的道德也就从军事武德中逐渐发展和扩充。但不论武术运动发展成什么样,武术的道德规范始终都体现着中华民族的道德精神。最具民族精神价值的莫过于中国传统文化中的"忠、义、勇、侠、礼"思想。

（一）"忠"

"忠"的意思是爱国。喜好武术之人大多具有爱国的民族精神,在我国历史中,有许许多多爱国英雄的故事,这些故事是一笔宝贵的精神财富,永远值得后人学习。

以少林武术为例,少林武术在发展过程中就反映了爱国主义精神。据《宋史》和《少林寺武僧集录》记载,北宋末期金兵入侵时,少林武僧赵宗印率领僧人组成"尊胜队"和少年武僧"净胜队"二军出征疆场,抵抗金兵。明朝中叶,沿海地带受到了倭寇的骚扰,在抗击倭寇的斗争中,少林寺的高僧"强兵护国""屡经调遣,奋勇杀敌"。战场上,他们英勇无比,手持七尺长、三十斤重的铁棍,"官兵每临阵,辄用为前锋,抡棍破敌,遇者即仆,顷刻毙数倭"。少林武术是传统武术的重要派系之一,是中华武术的代表。对国家忠诚,实际上也是中华传统武术的精神境界。这种爱国精神永远不会过时,无论在什么时代都应该是每一个国民应具备的素养。

马克思认为,爱国主义是一个具体的、历史的范畴。爱国主义的内容有鲜明的时代特色,弘扬爱国主义,必须将其内容与时俱进地推动,并使其随时代的发展而不断升华。在新时期,党的十八大提出全面培育和践行社会主义核心价值观,其中就包含了"爱国"。对于每一个习武之人来说,要有"苟利国家生死以,岂因祸福避趋之"的爱国情怀,努力学习与实践,全面发展自我,将爱国主义融于自己的一言一行之中。

（二）"义"和"勇"

"义"和"勇"是儒家与兵家所推崇的美德。历代武术先辈一贯倡导重义轻利和见义勇为。古人云:"有行之谓有义,有义之谓勇敢,故所贵于勇敢者,贵其能以立义也;所贵于义者,贵其有行也;所贵于有行者,贵其行礼也。故所贵其勇敢者,贵其敢行其礼义也。"简单来说就是勇敢之所以非常可贵,贵在敢于伸张正义,树立正风正气,见义勇为。"勇有于气者,有勇于义者,君子勇于义,小人勇于气"则指出了关于"勇"的不同意义,君子把勇用于国家和百姓的利益上,小人把勇用于个人私利。在古代,习武之人崇尚"义"和"勇",是为了国家,为了平民百姓,打击的是侵犯国家主权的敌人和损害百姓利益的恶人。这种行侠仗义的"勇"以国家和百姓利益为重,历来被习武之人奉为人生价值准则。这种价值准则依旧值得现代人进行弘扬与传承。

如今,社会上依旧有歪风邪气,有违法乱纪的犯罪分子不断扰乱社会治安,对和谐社会的构建产生严重阻碍。对此,一方面,要以武德的精神教育国民以国家和人民利益为重的意识;另一方面,以武德来践行社会主义核心价值观,树立正风正气,抵制歪风邪气,让社会做到"自由、平等、公正、法治"。

(三)"侠"

"侠"是传统武术的派生物,武是侠的根基,义是侠的灵魂。有武有义就显示出侠的本色,即重气节、轻生死、讲义气,路见不平,拔刀相助。"侠"体现出尚武之人刚健有为的精神。在古代,具有侠的气概的人是黎民百姓心目中的英雄,因为他们能打击恶势力,锄强扶弱,伸张正义。武术名家吴图南在其《国术概论》中讲到,习武的意义除了包括拳术器械之外,当以修身养性唯一之目的。养成勇敢奋斗、团结御辱之精神,培养雄伟侠烈之风气,扬民族固有之技能。

如今,我们参与武术运动、学习武术技能的主要目的肯定不是培养侠气,但侠的本色依旧被我们所敬仰和推崇。对于当今的练武之人来说,要从侠的本色中认识到更深层次的含义,古代大侠之所以成为百姓眼中的英雄,是因为他们眼中没有私利,他们的动机、行为都是发自内心的正义。因此在今天来说,习武之人要把古代侠客的思想运用到现代社会发展服务上来。现代社会中的许多邪恶之气还需要国民发扬行侠仗义的风范,使社会更加正义。

(四)"礼"

"礼"是儒家重要思想,中国素有礼仪之邦的美誉。"礼",就是诚实守信、谦虚礼让、尊师重道、宽厚待人、乐于助人、孝敬父母等品质,而这些内容都是中华传统美德中的礼节要求,也应是习武之人的养身之道。对于习武者来说,尊师重道是中华民族的优良传统,尤其要做到。荀子对尊师重道有这样的论述:"国将兴,必贵师而重傅,国将衰必贱师而轻傅。"在荀子看来,尊师重道能与国家的兴衰产生一定的联系。在传统武术的拜师学艺中也有着"一日为师,终身为父"的说法,表明徒弟对师傅的崇敬之情。这种伦理受到了古代封建制度的影响,强调对本门派的尊重,要遵守门规,决不允许背叛师傅。因而就造成了门派的"权威性",不利于武术运动的发展与融合。

在现代社会中,应将"礼"赋予尊敬师长、谦虚明礼、宽厚待人等全新内涵,应把"礼"的思想发展到社会的各个领域。对于现代人来讲,既要尊敬师长、孝敬父母、尊重他人,也要遵守社会公德、具有职业道德等,真正把武行之礼用于社会主义思想道德建设上。

传统武德中的忠、勇、礼、义、侠,是历代习武之人必须遵循的道德观念和行为,它折射着中华民族优秀的传统文化光彩,展现出中华民族刚健有为的民族精神。传统武术底蕴深厚,历史悠久,自成一派,它不仅是民族传统体育项目之一,更是中华民族传统文化的代表之一,是一块绚丽的无价之宝。传统武术的发展已经有几千年,它始终受到诸多中国传统文化形态的洗礼与影响。

长期以来,中国文化的基本精神,中华民族独特的思维方式、行为方式、审美观念、价值取向、人生观和世界观都在武术文化中所有反映。传统武术具有浓烈的民族色彩,注重德艺兼备、内外双修,是思考人生、启迪人生的入世之学,体现出传统道德文化的缩影,所以,武术运动必将成为思想品德教育的有效手段和方法。

三、传统武术的文化传承价值

传统武术并不仅仅是一项单纯而简单的搏击运动,它是中华民族经过长期文化熏陶积累出的一种独特的文化现象,是一种讲求内修外练、术道并重的人体运动。传统武术连接着炎黄子孙和华夏文明的历史血脉和记忆,是中华民族的信仰、崇拜、生活模式,以身体语言的形式传承着中华民族传统文化。

(一)独特的身体语言

传统武术的原始功能是搏击,以打、摔、踢、拿等攻防格斗的动作为素材,遵循攻防进退、动静急缓、刚柔虚实、内外合一等格斗规律,编排成具有特色的成套动作。作为表演节目,武术表演既要有艺术表演的技巧性和审美的韵律感,同时,还要体现出武术运动特有的攻防技击性,这种特点和要求都要通过表演者的身体展现出来,也就是说,武术中的身体运动与其他运动项目的身体活动有着明显的差别,它首先追求美的享受,更重要的是要在过程中体现出攻防技击性,展现出武术运动的文化、哲学、美学的含义。

(二)民族文化孕育的武术

到今天,还有很多人对传统武术的认识依旧停留在技术层面,认为它是一种"法术"。一谈到武术,便是"中国功夫"、攻防技击,就像武侠小说中描绘的"九阴白骨爪""六脉神剑"等灭敌于无形的强大武功。在西方国家中,中华传统武术更多的是以一种技击术来传播,所以,中华传统武术在英语中就是"功夫"(Kong fu)。

从定义上来看,中华传统武术确实是一种具有自卫性质的技击术,就技击而言,武术套路是为了便于传授、记忆和训练而产生的。但是世界上很多国家和民族都有自己的格斗技术,世界上的不同人种都有相同的人体结构,所以,他们的技击术和传统武术一样也要遵循人体生理规律。但在西方世界中并未产生像中华传统武术这样体系完整、涵盖丰富的技击套路,这显然与国家和民族的文化发展背景有关。中华传统武术的诞生与发展受到中华民族的文化洗礼,在各方面都具有中国传统文化的烙印,因而也表现出它独特的民族文化特点。

传统武术是中华民族文化形式的一种,它不仅表现中国人对攻防技击的理解和运用,同时,还表现出中华民族的思想感情、理想、追求、意志、欣赏习惯、思维特点等多种文化品质和心理特点,具体表现在以下四个方面:

1."刚健有为"在武术中的体现

"刚健有为"的思想由孔子提出,在战国时期的《周易大传》中已见成熟,"刚健有为"的思想具体包括"厚德载物"和"自强不息"两方面。对于武术运动来说,不论从动作风格还是精神追求上,都以刚健为主旋律,武术的技击风格多以刚健勇猛为主。长拳舒展挺拔、南拳刚健有力;形意拳刚劲充实;刀术刚猛迅捷;棍术横扫千军,都体现了武术运动的刚健有为。

如今,武术运动的这种刚健有为的精神不仅要体现在民族传统文化中,更要实践于社会的各个领域之中。或许现在武术各门派对技击的争论很大,但对于武术运动的自强不息的继承是没有异议的。与其他运动项目相比,传统武术在很大程度上体现了中华文化刚健有力、积极向上的精神特点,如果失去这个特点,那么武术运动将黯然失色。

自古以来,中国对外来文化的态度是以一种大气豪放的气概来吸收的,这种宽广的胸怀在武术上也颇有体现。例如,明朝时,日本刀器因质地精良而负有盛名,民族英雄戚继光说:"长刀,自倭犯中国始有,彼以此跳舞光闪而前,我兵以夺气矣。倭善跃,一足则丈,刀长五尺,则丈五尺矣,我兵器难接,长器不捷,遭之者身多两断。"戚继光意识到日本刀技术优良,倭寇刀法技艺精良,所以,倭寇能产生很大的杀伤力。在抗倭战争中,戚继光即将日本刀法吸纳到自身的武艺体系之中,"得其法,又从演而之"。《纪效新书》详细地记载了日本刀谱,使得明代中国士兵的刀术吸收日本刀法精华,又结合中国传统刀法,以套路形式创编刀术,使日本刀法加入到了中国武术的体系之中。

另外,在历史发展中会发现,中国许多兵器来自中原王朝周边的少数民族政权区域。从宋朝士兵所用的兵器中就可看出受到了辽、金、西夏等兵器的影响,可以看出传统武术对兄弟民族技艺是以一种宏放的气度来吸收之。

2. 天人合一是武术的哲学基础

天人合一就是人与自然万物的和谐统一,认为人与大自然不是敌对、抗衡的关系,而是具有浑然一体、不可分离的联系。所谓合一,指对立的统一,也就是二者具有相互依存的关系。天人合一思想产生于春秋时期,并且伴随着武术的发展不断地渗透其中,最终成为武术的哲学思想基础。

(1)形神兼备。人与世间万物一样都是有形的,但人有自己的精神和思想,传统武术恰恰是在精神的主导下形成动作和形体的。形神兼备一方面反对了唯心主义中只练习"神"的做法,另一方面反对了形式主义只练习"形"的做法,促进"形"与"神"的相对统一。

(2)德、功并重。武术运动是"有知有义"的人进行的形体运动,需要"义"和拳脚功夫并用。所以,武术运动十分重视武德的修养,建议习武之人"练武先练德";在练习武功时又倡导,"武艺要练精"。

(3)阴阳相济。万物根源皆为阴阳,武术运动追求阴阳相济。在武术运动的很多规律中都体现了阴阳相济的特性,如动静、刚柔、进退、虚实、攻守、开合、明暗,都是相辅相成、相互配合的。阴也好,阳也好,都是物质的表现。

3. "贵和尚中"精神在武术中的体现

中国传统文化重视宇宙万物的和谐,重视人与自然的和谐,当然,更重视人与人之间的和谐,在君臣、父子、师徒等人际关系中注重和谐的关系,注重集体利益的维护,推崇求大同存小异。古典文化中追求"合",讲求独立,不向外扩张,讲究通过道德来教化,使万邦和谐。

所以,受到传统文化的影响,传统武术与西方竞技追求快、狠、猛,注重打击效应不同,它更加注重"养",认为练武就是为了养,养练结合,追求身体健康、长寿。传统武术还力求自娱性、稳妥性、安全性;有很强的道德规范,追求以柔克刚、舍己救人等;讲究"点到为止",认为顺其自然,不提倡暴力与野蛮,这是其他运动项目所没有的。传统武术长期受到中庸之道的影响,提倡"己所不欲,勿施于人",技巧上讲究"以静制动,以柔克刚,以小力胜大力,以弱胜强",强调拳打人不知,出手不伤人。由此可见,中华民族传统文化的和谐价值观深深地根植于武术运动之中。

4."以人为本"精神在武术中的体现

中华武术文化是一种世俗化的文化,是儒家思想占据主导地位的文化。儒家思想倡导以人为本,强调自强不息,认为人类是万物之灵,是社会的主体,通过以人为本的思想来实现人生的价值。想要实现以人为本的思想,充分发挥人的主体作用,就必须做到自强不息。

儒家思想反映在传统武术的理论之中,表现为重视人的自我养生和修养。中华传统武术的人体养生理论有着丰富内涵,并且提倡形神合一、内外兼修、内养性情、外练筋骨、固气壮体、手足矫健等。在武术先辈看来,武术不仅仅用来自卫与搏斗,同时,也是修身养性、陶冶情操的手段与方法。

如今是文化交流的崭新时代,全球范围内各国积极与其他国家进行友好交流合作,相互之间举办文化年活动,传播本国民族的独有文化。在这个形势下,传统武术作为中华民族的独特文化象征,要主动抓住这个机遇,用独特的身体语言向世界传播中华民族文化的精神,为世界文化大发展大繁荣做出应有的贡献。

不同民族之间语言不通、文化各异,但身体语言是一种很好的文化传播方式,在不同国家和不同民族之间无疑是最佳的传播方式。传统武术作为一项身体运动文化,在传播过程中具有得天独厚的优势,因此让体现着中华民族旺盛生命力,承载着中华民族文化精神的传统武术,作为中华民族文化的身体语言代表,在国际交流中充分发挥出自身优势,使世界上更多的人因武术了解中国文化,认同中国文化,对我们国家和民族有着更深入的认识。

四、传统武术的美育价值

中国传统武术套路有着几千年的传承历史,在中国传统文化的滋养和哺育下不断发展。传统武术吸收和渗透了中华民族的知识、道德、信仰、艺术、法律和风俗等多种文化形态,有着丰富的文化内涵。武术的套路在形成和内容上都显示出中国传统文化的哲学理念、美学观点、伦理道德、兵法思想等。

然而,有一个客观事实摆在面前,就是武术界对套路技术以及宣传推广的研究很多,相对地,对传统武术美学价值研究甚少。进入到21世纪后,传统武术的搏击内容以其简洁、实用的价值特点受到了大家的欢迎,在市场中占据一席之地,而以套路动作为主体的武术套路却不太受重视,未能引起人们的关注,反而有人认为传统武术套路是花拳绣腿的"假把式",这种观点是极其错误的。在武术套路比赛中,有的运动员为了争取高分,片面追求动作技术的难度而忽略了套路中的精、气、神的内在表现,使得传统武术套路中的美学价值没有被挖掘出来。

传统武术套路有着极高的美学价值,符合中国传统美学思想的审美特点,在动作中有着很明显的反映。传统武术套路崇尚自然美,认为自然美才是真的美;以艺术为最高理想神韵;强调习武之人的人格美等,都体现出武术运动的美学思想。

(一)传统武术套路的神韵美

所谓"韵者,美之极",美学思想家将"韵"定义为"超然于世俗之外的节操、气概,从而表现出神态,风度"。武术套路中显示出动作的"神韵",表现出和谐美、整齐美、节奏美。武术运动中的韵味,具体体现为充分而激烈的动作变化,使动作套路整体具有线路清晰、层次分明、韵厚味醇的特点,用形象的语言来比喻就是"快如风、缓如鹰、起如猿、落如鹊、重如铁、轻如叶、立如鸡、站如松、转如轮、折如弓、动如涛、静如岳"。在武术套路的动作中,对"轻"与"重"、"动"与"静"、"起"与"落"、"快"与"慢"、"高"与"低"、"刚"与"柔"分寸的掌握,形成相互依托、相互补充的阴阳辩证思想,充分体现出传统武术运动具有的鲜明节奏感,体现了其独特的神韵美。

(二)传统武术套路的意境美

传统美学中的"意境",通常被解释为文艺作品中所描绘的图景和表现的思想感情融洽一致而形成的一种艺术境界。传统武术套路根据审美需要和价值取向,通过对攻防的技击动作的艺术加工,与编创者和表演者的情感融为一体,在朦胧之中达到情感与景色的交融,情感与技艺的交融,神态与形态的交融。

传统武术套路的实践中,要求运动者在操练过程中要把自己"置身于一个战斗场合,通过生动的气韵、如虹的气势、贯一的气质,表现一种英武不屈、坚韧不拔的斗志和气概,再现出战斗的艺术意境"。武术前辈在长期的拳脚实践中,用世间万物的形态和历史典故的内容将套路动作命名,体现出动作命名产生的意境美,使武术运动的技击功法产生美感,像"苍鹰捕食""大鹏展翅",就具备威猛雄健的美感。

传统武术套路和动作的意境美,将抽象的事物形象化,固有的知识新鲜化,严谨的规律情趣化,把那些深厚而枯燥的总结性和规律性的内容,精中取精,浓缩为严整、简短的一两句话,体现了语言的无穷魅力。如"吐为落雁,纳为鹰扬",就像是一幅优美的画卷;再如"枪如游龙随身转,棍似旋风打一片""刀如猛虎力无边,剑似飞凤上下翻""巧打流星,顺打鞭"等武术套路拳谚,生动形象地表达了武术套路中的内容与情节,反映了武术套路中的意境美。

(三)传统武术套路尚武崇德的精神美

武德是习武之人在社会活动中必须遵循的道德规范和应该具有的道德品质与精神。传统武术自形成之后就诞生了武德,随着武术套路不断发展,武德的精神内涵也不断丰富,具有鲜明的时代特性。武德体现在各武术门派中,就是各门派都规定了本派的"门规"和"戒约",像所谓的"三不传""五不传""十不传";也制定了"清规戒律",如"五戒约""八戒约""十戒约"以及"要诀""禁忌"等内容,其内涵集中表现了人在精神与信念上的社会基础伦理,体现出"仁""礼"等儒家思想。

在我国教育文化之中,传统武术是一种很好的教育内容和教育手段。通过武术家的不断挖掘、提炼、创造和发展,摄取教育养生的精髓,集技击娱乐的大成,慢慢发展出多种锻炼方式,具有强身健体、修身养性等多种功能。传统武术因其深厚的底蕴和独树一帜的教育价值,在学校体育教学中越来越受到大家的重视。对于当代国人来说,正确认知传统武术的教育价值,让武术运动充分发挥出重要作用,处理好传统武术与国家教育事业的关系,使更多的人加入到武术学习中来,是新形势下值得武术教育者思考和探索的问题,也是传统武术继往开来、开拓创新、不断进取的关键。

第四节 传统武术教育价值的实现策略

一、传统武术教育的具体实施策略

(一)注重学生的德育教育培养

在对学生进行武术教育时,首先要加强武德教育。对中小学生的生理和心理特点进行全面了解,除了坚持以语言、思想教育为主外,还可以通过引用一些短小生动的事例或故事的方式,提高学生的求知欲和兴趣,使他们的记忆和思维得到加强,逐步树立中华民族的灵魂和精神,具有爱国的赤子之心,只有这样才能真正达到武术教学的目的。

武德教学要贯穿于教学过程的始终,教育者要充分重视它。在武术教学过程中,通过加强武德教育能够使学生养成良好的习武风气和良好的习武行为规范。

1.培养良好的习武礼仪规范

传统武术是中华文明的优秀代表,所以,在武术教学中要让学生形成规范的礼仪,教育学生以礼相待,崇义尚武,不要孤傲自满。进行武术器械的练习教学时,也要规范要求。需要用到器械时,由每排的一人领发器械,同学们有序站好,不争不抢,分别领取器材,不可随意乱扔。这种细微的要求能培养青少年爱护公物的良好习惯。

2.注重武德,不出手伤人

武术动作具有明显的攻防技击性,因此很容易对人体造成伤害,严重的还能让人丧命。因此,武术教师在讲解动作的过程中要端正学生的态度与思想,重点阐释武术动作在强身健体中的意义,了解其中的攻防含义,切不可为了出风头与同学强行比试,下手不知轻重,把人打伤。尤其是在散手教学中,更要强调其安全性,只可进行模仿练习,不可故意下重手伤人。

3.尊重同学,友善待人

在传统武术教学中应致力于培养学生互相尊重、友好待人的品质。在合作分组练习时,学生间要充分交流,互帮互助,共同进步。结合学生的个人情况,采取分组教学,使掌握动作快的同学帮助理解能力差的同学,让所有人都学会动作,全面提升教学效果。受到同伴帮助的学生要珍惜他人的劳动成果,虚心学习,尽快赶上大家的节奏。

(二)让学生对中国武术有一个正确认识

关于学生如何去认识传统武术,建议首先从起源和发展上去认知。传统武术在中华民族历史上留下浓墨重彩的一笔,要让学生们一提起武术就有一股浓浓的自豪感,对武术文化充满崇敬和虔诚,在学习过程中亲力亲为,亲身体验和接触博大精深的传统文化,让他们在学习时不仅像体操等项目那样对特定的动作进行模仿,更应该有一种崇高的历史责任感,心中满怀憧憬。

其次,从传统武术的运动特点上了解武术运动。武术作为一种体育运动,练习武术能强身健体、提高身体素质、磨炼意志,观看武术能培养品德、增强审美、丰富文化生活等。对于武术教师来说,开展武术教学工作的重要一点就是让学生们对武术产生兴趣,了解武术锻炼的优点,进而促进他们练武的信心与勇气。

(三)在套路教学中培养学生的精、气、神

传统武术具有内外合一、神形兼备的特点,武术教学也要遵循这个特征。要注意,片面追求"形似"而忽视掉"神随",则这样的教学是不成功的。因此,在武术的套路教学中应注意以下事项:

首先,武术套路的技术动作虽然不失攻防技击的特性,但已将技击寓于套路之中,因此,在套路教学中要将各种技击的招式招法分解开来,分别讲解给学生,讲出每个动作的作用,帮助学生理解每一个动作,有助于身法、步法学习和领会。

其次,套路教学要求形体规范与精神传意,做到内外合一。对于学生来说,在学习武术动作时要活跃思维,多问几个为什么,把整个套路运用大脑进行反复记忆,长期练习后争取做到融会贯通,通过心态和意念来指导自己的练习。

二、传统武术的情感培养

传统武术要求内外统一,各种武术项目的技术实质和精、气、神、力是各不相同的,学生在练习时,不能只做动作,不动脑子,要加入自己的情感体验,这样才能充分体现武术项目的风格特点。培养武术情感可以从以下三方面入手:

(一)结合技击特点培养真实感

武术套路中虽然有着千变万化的动作,然而都是来自各种原始的进攻和防守的招式,如"青龙剑""十三剑""昆仑剑"等,其动作都是围绕着中心内容"击"来展开的。因此,只有了解动作攻防的真实含义,使学生对重要的技击方法具有深切体会,才能使演练情感更加深刻。

在武术教学中,教师应让学生明确运用手、足、肩、肘、胯、膝所构成的各类技术方法的特点(诸如拦斫、切、搂、打、腾、封;踢、弹、扫、挂;倚、碰、挤、靠;勾挂、闪转、腾挪等),并把这些技击方法的特点与揣摩套路时对手、眼、身、法、步、精神、气、力、功的要求结合起来,让学生感觉真的在和对手进行比武一样,表现出勇敢顽强的形象,咄咄逼人的神情,完美无缺的动作方法,体现出形象性和真实性。

根据情感培养的需要,结合学生的武术水平,教师应对攻防技术动作进行全面而科学的剖析,使学生能领会动作的精神、力量和速度等的各种要求。通过模拟性实战能让学生更好地理解各项动作的情感融入,技击格斗的气势能极大地调动学生的情绪,有利于充分融入个人情感,因此可适当采用该方法。

(二)借助武术动作的艺术形象培养美感

传统武术的每一个动作都要求"精神勇往""手眼相随""内外合一"。通过身法、力法、眼法、虚实变化的步法和多样灵巧的手法等方面可以看出,传统武术始终具有独特的美感。从武术的精神来看,神是感情表达的手段,通过眼神来反映,神的凝结使武术动作的美感体现出民族的特色。

学生一旦完全理解动作,并体验和享受到美的时刻,就会自然而然地产生内在感情。例如,很多不喜欢太极拳的人觉得太极拳太过柔缓,让人有力使不出,毫无美感可言。但是,如果你真正地接触和学习太极拳时,通过一段时间的学习后就会发现太极拳的圆融、和谐的独特之美,在动静之间对人生进行感悟,达到"天人合一"的境界。有些人,尤其是老人非常热爱太极拳,并不仅仅是因为这项运动适合他们,更为重要的是太极拳与其心态的契合。太极拳缓、柔、圆、连、协的独特韵味与全神贯注、姿态自然、优雅而连贯一气的练习能使人无比愉悦,感受到美的体验。

(三)借助于艺术修养培养积极情感

传统武术的表现形式不仅仅停留在动作上,更体现在文化上。人所具备的艺术修养水平高低对培养武术动作的情感具有重要的影响。武术套路的练习中经常伴随着各种情感,这些情感有可能是积极的,但也有可能是消极的,学生对所练习套路积极情感的产生经常与直观的形象相联系。

在武术教学过程中,教师可以让学生根据自身发展特点来确定武术风格,因为每一项武术都有独特的风格特点,而每个学生都可以根据自身特点融入自身情感,自成一派。动作在情感的支配下,配合技巧动作的完整性,就会具有很强的感染力,这种借助于艺术修养和欣赏的经验进行想象的培养过程,借鉴人的内在感情,能主动锻炼学生思考动作的习惯,对表现本套路的风格特点能产生良好的影响。

第四章 传统武术健身的发展策略

当前,全民健身已经成为炙手可热的话题,受到社会的广泛关注与重视。作为民族传统体育的重要内容,传统武术具有非常显著的健身价值。因此,传统武术是全民健身的一个重要手段和途径。本章首先对全民健身战略和健康中国建设进行解析,接着对传统武术健身价值及开展情况进行分析,最后对传统武术健身的指导与科学发展进行阐述,由此能够对传统武术健身有一个全面且深入的了解和认识,也为人们参与到传统武术的健身活动中奠定了坚实的理论基础。

第一节 全民健身战略与健康中国建设

一、全民健身战略

国务院印发的《关于加快发展体育产业促进体育消费的若干意见》提出,营造重视体育、支持体育、参与体育的社会氛围,将全民健身上升为国家战略。当前,所实行的是全民健身计划(2016—2020年)。

全民健康,能够在一定程度上体现出一个国家的综合实力,是经济社会发展进步的重要标志。因此可以说,全民健身是实现全民健康的重要途径和手段,是全体人民增强体魄、幸福生活的基础保障。实施全民健身计划是国家的重要发展战略。

今后五年,面对人民群众日益增长的体育健身需求、全面建成小康社会的目标要求、推动健康中国建设的机遇挑战,需要更加准确地把握新时期全民健身发展内涵的深刻变化,不断开拓发展新境界,使其成为健康中国建设的有力支撑和全面建成小康社会的国家名片。为实施全民健身国家战略,提高全民族的身体素质和健康水平,特意将本计划制定了出来。

(一)全民健身战略的总体要求

全民健身战略的总体要求,主要体现在两个方面,即指导思想和发展目标,具体如下:

1. 全民健身战略的指导思想

全面贯彻党的十八大和十九大精神,紧紧围绕"四个全面"战略布局和党中央、国务院决策部署,牢固树立和贯彻落实创新、协调、绿色、开放、共享的发展理念,以增强人民体质、提高健康水平为根本目标,以满足人民群众日益增长的多元化体育健身需求为出发点和落脚点,坚持以人为本、改革创新、依法治体、确保基本、多元互促、注重实效的工作原则,通过立体构建、整合推进、动态实施,统筹建设全民健身公共服务体系和产业链、生态圈,提升全民健身现代治理能力,为全面建成小康社会贡献力量,为中华民族伟大复兴的中国梦的顺利实现奠定坚实的基础。

2. 全民健身战略的发展目标

到 2020 年,要使群众体育健身意识得到普遍的增强,参加体育锻炼的人数要有显著的增加,每周参加 1 次及以上体育锻炼的人数达到 7 亿,经常参加体育锻炼的人数达到 4.35 亿,群众身体素质稳步增强。要充分发挥出全民健身的教育、经济和社会等各项功能,与各项社会事业互促发展的局面基本形成,体育消费总规模达到 1.5 万亿元,全民健身成为促进体育产业发展、拉动内需和形成新的经济增长点的动力源。支撑国家发展目标、与全面建成小康社会相适应的全民健身公共服务体系日趋完善,政府主导、部门协同、全社会共同参与的全民健身事业发展格局更加明晰。

第四章　传统武术健身的发展策略

(二)全民健身战略的主要任务

具体来说,全民健身战略的任务主要有以下几个方面:

1. 弘扬体育文化,促进人的全面发展

普及健身知识,宣传健身效果,弘扬健康新理念,把身心健康作为个人全面发展和适应社会的重要能力,树立以参与体育健身、拥有强健体魄为荣的个人发展理念,营造良好舆论氛围,通过体育健身提高个人的团队协作能力。通过积极的引导将体育健身对形成健康文明生活方式的作用充分发挥出来,将人人爱锻炼、会锻炼、勤锻炼、重规则、讲诚信、争贡献、乐分享的良好社会风尚树立起来。

在体育健身的全周期和全过程中都贯彻体育健身,通过体育赛事活动的举办,对运动项目文化进行大力宣传,弘扬奥林匹克精神和中华体育精神,挖掘传承传统体育文化,将区域特色文化遗产的作用充分发挥出来。树立全民健身榜样,讲述全民健身故事,传播社会正能量,发挥体育文化在践行社会主义核心价值观、弘扬中华民族传统美德、传承人类优秀文明成果和提升国家软实力等方面的独特价值和作用。

2. 开展全民健身活动,提供丰富多彩的活动供给

在不同时期、不同地域,根据相应的需求来有针对性和目的性地开展群众身边的健身活动,分层分类引导运动项目发展,从而使全民健身活动体系得到进一步的丰富和完善。大力发展健身跑、健步走、骑行、登山、徒步、游泳、球类、广场舞等群众喜闻乐见的运动项目,积极培育帆船、击剑、赛车、马术、极限运动、航空等具有消费引领特征的时尚休闲运动项目,扶持推广武术、健身气功等民族民俗民间传统和乡村农味农趣运动项目,对适合不同人群、不同地域和不同行业特点的特色运动项目进行积极的鼓励和开发。

将市场活力有效激发出来,为社会力量举办全民健身活动创造便利条件,将网络等新兴活动组织渠道的作用充分发挥出来,使业余体育竞赛体系更加完善。鼓励举办不同层次和类型的全民健身运动会,设立残疾人组别,促进健全人与残疾人体育运动融合开展。支持各地、各行业结合地域文化、农耕文化、旅游休闲等资源,打造具有区域特色、行业特点、影响力大、可持续性强的品牌赛事活动。推动各级各类体育赛事的成果惠及更多群众,促进竞技体育与群众体育全面协调发展。对健身骨干在开展全民健身活动中作用的发挥加以重视,由此来引导、服务、规范全民健身活动健康发展。

3. 推进体育社会组织改革,将全民健身活力激发出来

以社会组织改革发展的总体要求为主要依据,加快推动体育社会组织成为政社分开、权责明确、依法自治的现代社会组织,引导体育社会组织向独立法人组织转变,推动其社会化、法治化、高效化发展,使体育社会组织承接全民健身服务的能力和质量都得到有效提高。

将全国性体育社会组织在开展全民健身活动、提供专业指导服务等方面的龙头示范作用充分发挥出来。加强各级体育总会作为枢纽型体育社会组织的建设,带动各级各类单项、行业和人群体育组织开展全民健身活动。加强对基层文化体育组织的指导服务,重点培育发展在基层开展体育活动的城乡社区服务类社会组织,鼓励基层文化体育组织依法依规进行登记。推进体育社会组织品牌化发展并在社区建设中发挥作用,使架构清晰、类型多样、服务多元、竞争有序的现代体育社会组织发展新局面得以形成。

4. 统筹建设全民健身场地设施,为群众就近就便健身提供便利

在严格遵循配置均衡、规模适当、方便实用、安全合理的原则基础上,科学规划和统筹建设全民健身场地设施。推动公共体育

设施建设,着力构建县(市、区)、乡镇(街道)、行政村(社区)三级群众身边的全民健身设施网络和城市社区15分钟健身圈,人均体育场地面积达到1.8平方米,使各类公共体育设施的无障碍条件得到有效改善。

有效扩大增量资源,重点建设一批便民利民的中小型体育场馆,加强县级体育场、全民健身中心、社区多功能运动场等场地设施建设,与基层综合性文化服务中心、农村社区综合服务设施建设及区域特点有机结合起来,继续实施农民体育健身工程,从而使行政村健身设施全覆盖得以顺利实现。新建居住区和社区要严格落实按"室内人均建筑面积不低于0.1平方米或室外人均用地不低于0.3平方米"标准配建全民健身设施的要求,确保与住宅区主体工程同步设计、同步施工、同步验收、同步投入使用,不得挪用或侵占。老城区与已建成居住区无全民健身场地设施或现有场地设施未达到规划建设指标要求的,要因地制宜配建全民健身场地设施。将旧厂房、仓库、老旧商业设施、农村"四荒"(荒山、荒沟、荒丘、荒滩)和空闲地等闲置资源充分利用起来,改造建设为全民健身场地设施,合理做好城乡空间的二次利用,推广多功能、季节性、可移动、可拆卸、绿色环保的健身设施。通过社会资金的合理利用,与国家主体功能区、风景名胜区、国家公园、旅游景区和新农村的规划与建设,合理利用景区、郊野公园、城市公园、公共绿地、广场及城市空置场所,有机结合起来进行休闲健身场地设施的建设。

进一步盘活存量资源,做好已建全民健身场地设施的使用、管理和提档升级,鼓励社会力量参与现有场地设施的管理运营。完善大型体育场馆免费或低收费开放政策,研究制定相关政策鼓励中小型体育场馆免费或低收费开放。确保公共体育场地设施和符合开放条件的企事业单位、学校体育场地设施向社会开放。

5.将全民健身多元功能发挥出来,形成服务大局、互促共进的发展格局

通过与"健康中国2030"等总体发展战略,以及科技、教育、文

化、卫生、养老、助残等事业发展有机结合起来,统筹谋划全民健身重大项目工程,充分发挥出全民健身在促进素质教育、文化繁荣、社会包容、民生改善、民族团结、健身消费和大众创业、万众创新等方面的积极作用。

将全民健身对发展体育产业的推动作用充分发挥出来,使与全民健身相关的体育健身休闲活动、体育竞赛表演活动、体育场馆服务、体育培训与教育、体育用品及相关产品制造和销售等体育产业规模进一步扩大,不断提高健身服务业在体育产业中所占比重。鼓励发展健身信息聚合、智能健身硬件、健身在线培训教育等全民健身新业态。充分利用"互联网＋"等技术开拓全民健身产品制造领域和消费市场,使体育消费在居民消费支出中所占比重不断提高。

6.拓展国际大众体育交流,引领全民健身开放发展

坚持"请进来、走出去",拓展全民健身理论、项目、人才、设备等国际交流渠道,为全民健身向更高层次发展起到积极的推动作用。

搭建全民健身国际交流平台,加强国际互动交流。传播和推广全民健身发展过程中的中国理念、中国故事、中国人物、中国标准、中国产品,发出中国声音,提升国际影响力,将全民健身在推广中国文化、提升国家形象和增强国家软实力等方面的独特作用充分发挥出来。

7.强化全民健身发展重点,对基本公共体育服务均等化和重点人群、项目发展进行重点推进

依法保障基本公共体育服务,对基本公共体育服务向农村延伸起到积极的推动作用,以乡镇、农村社区为重点促进基本公共体育服务均等化。坚持普惠性、保基本、兜底线、可持续、因地制宜的原则,重点扶持革命老区、少数民族地区、边疆地区、贫困地区发展全民健身事业。

将青少年作为实施全民健身计划的重点人群,使青少年体育

活动得到大力普及,使青少年身体素质得到有效提升。加强学校体育教育,将提高青少年的体育素养和养成健康行为方式作为学校教育的重要内容,使学生在校的体育场地和锻炼时间得到保证,把学生体质健康水平纳入工作考核体系,加强学校体育工作绩效评估和行政问责。全面实施青少年体育活动促进计划,积极发挥"青少年阳光体育大会"等青少年体育品牌活动的示范引领作用,使青少年提升身体素质、掌握运动技能、培养锻炼兴趣,形成终身体育健身的良好习惯。

在老年宜居环境建设方面也要进一步推进,对公益性老年健身体育设施进行统筹发展,加强社区养老服务设施与社区体育设施的功能衔接,提高使用率,支持社区利用公共服务设施和社会场所组织开展适合老年人的体育健身活动,为老年人健身提供科学指导。

对国家全民健身助残工程的支持力度要进一步加大,采取优惠政策,对残疾人康复体育和健身体育广泛开展起到积极的推动作用。开展职工、农民、妇女、幼儿体育,推动将外来务工人员公共体育服务纳入属地供给体系。加大对社区矫正人员等特殊人群的全民健身服务供给,使其享受更多社会关爱,在融入社会方面使其获得感和满足感得到进一步增强。

足球运动和冰雪运动的发展要有所加强。着力加大足球场地供给,把建设足球场地纳入城镇化和新农村建设总体规划,因地制宜鼓励社会力量建设小型、多样化的足球场地。广泛开展校园足球活动,抓紧完善常态化、纵横贯通的大学、高中、初中、小学四级足球竞赛体系。积极倡导和组织行业、社区、企业、部队、残疾人、中老年、五人制、沙滩足球等形式多样的民间足球活动,举办多层级足球赛事,不断扩大足球人口规模,促进足球运动蓬勃发展。冰雪运动要进一步普及和推进,通过筹备和举办北京2022年冬奥会和冬残奥会契机的利用,使群众冬季运动推广普及计划得以顺利实施。支持各地建设和改建多功能冰场和雪场,引导社会力量进入冰雪运动领域,推进冰雪运动进景区、进商场、进社区、进学校,扶持花样滑冰、冰球、高山滑雪等具有一定群众基础的冰雪健身休闲项目,打造品牌冰雪运动俱乐部、冰雪运动院校和一系列观赏性强、群众参与度高的品牌赛事活动。积极培育冰雪设备和运动装备产业,推动其发展壮大。对各地依托当地自然人文资源开展形式多样的冰雪运动采取相应的鼓励政策,使3亿人参与冰雪运动得以顺利实现,同时,也使冰雪运动的群众基础更加坚实。

(三)全民健身战略的保障措施

为了使全民健身战略得以顺利实施,需要采取一定的保障措施,具体来说,主要有以下几个方面:

1. 完善全民健身工作机制

通过强化政府主导、部门协同、全社会共同参与的全民健身组织架构,对各项工作的顺利开展起到积极的推动作用。具体来说,应该从以下几个方面着手:

第一,政府要按照科学统筹、合理布局的原则,做好宏观管理、政策制定、资源整合分配、工作监督评估和协调跨部门联动;

第二,各有关部门要将全民健身工作与现有政策、目标、任务相对接,按照职责分工制定工作规划、落实工作任务;

第三,智库可为有关全民健身的重要工作、重大项目提供咨询服务,并在顶层设计和工作落实中发挥作用;

第四,社会组织可在日常体育健身活动的引导、培训、组织和体育赛事活动的承办等方面发挥作用,积极参与全民健身公共服务体系建设。

以健康为主题,整合基层宣传、卫生计生、文化、教育、民政、养老、残联、旅游等部门相关工作,在街道、乡镇层面探索建设健康促进服务中心。

第四章 传统武术健身的发展策略

2.加大资金投入与保障

将多元化资金筹集机制建立起来,优化投融资引导政策,从而对落实财税等各项优惠政策起到积极的推动作用。县级以上地方人民政府应当将全民健身工作相关经费纳入财政预算,并随着国民经济的发展逐步增加对全民健身的投入。安排一定比例的彩票公益金等财政资金,通过设立体育场地设施建设专项投资基金和政府购买服务等方式,鼓励社会力量投资建设体育场地设施,支持群众健身消费。以政府购买服务总体要求和有关规定为主要依据,将政府购买全民健身公共服务的目录、办法及实施细则制定出来,同时,还要进一步加大对基层健身组织和健身赛事活动等的购买比重。完善中央转移支付方式,鼓励和引导地方政府加大对全民健身的财政投入。落实好公益性捐赠税前扣除政策,引导公众对全民健身事业进行捐赠。社会力量通过公益性社会组织或县级以上人民政府及其部门用于全民健身事业的公益性捐赠,与税法规定的部分相符,可在计算企业所得税和个人所得税时依法从其应纳税所得额中扣除。

3.建立全民健身评价体系

将全民健身相关规范和评价标准制定出来,建立政府、社会、专家等多方力量共同组成的工作平台,采用多层级、多主体、多方位的方式对全民健身发展水平进行立体评估,要对各类媒体的监督作用的发挥加以重视。把全民健身评价指标纳入精神文明建设以及全国文明城市、文明村镇、文明单位、文明家庭和文明校园创建的内容,将全民健身公共服务相关内容纳入国家基本公共服务和现代公共文化服务体系。将全民健身发展的核心指标、评价标准和测评方法明确下来,为衡量各地全民健身发展水平提供科学依据。出台全国全民健身公共服务体系建设指导标准,鼓励各地结合实际制定全民健身公共服务体系建设地方标准,推进全民健身基本公共服务均等化、标准化。鼓励各地依托特色资源,积极创建体育特色城市、体育生活化街道(乡镇)和体育生活化社区(村)。继续完善全民健身统计制度,做好体育场地普查、国民体质监测以及全民健身活动状况调查数据分析,与卫生计生部门的营养与慢性病状况调查等有机结合起来,对全民健身科学决策的实施起到积极的推动作用。

4. 创新全民健身激励机制

将与时代发展需求更加相适应的全民健身激励平台搭建起来,拓展激励范围,将城乡基层单位和个人的积极性充分调动起来,将其典型示范带动作用充分发挥出来。推行《国家体育锻炼标准》,颁发体育锻炼标准证书、证章,有条件的地方可通过试行向特定人群或在特定时段发放体育健身消费券等方式,建立多渠道、市场化的全民健身激励机制。鼓励对体育组织、体育场馆、全民健身品牌赛事和活动等的名称、标志等无形资产的开发和运用,引导开发科技含量高、拥有自主知识产权的全民健身产品,提高产品附加值。大力保障支持和参与全民健身,对在实施全民健身计划中做出突出贡献的组织机构和个人进行奖励。

5. 强化全民健身科技创新

将运动促进健康科技行动计划制订出来,并使其顺利实施,对"运动是良医"等理念加以推广,使全民健身方法和手段的科技含量进一步提高。开展国民体质测试,开发应用国民体质健康监测大数据,研究制订并推广普及健身指导方案、运动处方库和中国人体育健身活动指南,开展运动风险评估,大力开展科学健身指导,提高群众的科学健身意识、素养和能力水平。推动移动互联网、云计算、大数据、物联网等现代信息技术手段与全民健身相结合,建设全民健身管理资源库、服务资源库和公共服务信息平台,使全民健身服务更加便捷、高效、精准。利用大数据技术及时分析经常参加体育锻炼的人数、体育设施利用率,进行运动健身效果综合评价,提高全民健身指导水平和全民健身设施监管效

第四章　传统武术健身的发展策略

率。推进全民健身场地设施创新,促进全民健身场地设施升级换代,为群众提供更加便利、科学、安全、灵活、无障碍的健身场地设施。积极支持体育用品制造业创新发展,采用新技术、新材料、新工艺,提高产品科技含量,增加产品品种,提升体育用品的质量水平和品牌影响力。对企业参与全民健身科技创新平台和科学健身指导平台建设进行积极的鼓励,使全民健身科学研究和科学健身指导都得到有效加强。

6. 加强全民健身人才队伍建设

将新型全民健身人才观树立起来,将人才在推动全民健身中的基础性、先导性作用发挥出来,努力培养适应全民健身发展需要的组织、管理、研究、健康指导、志愿服务、宣传推广等方面的人才队伍。全民健身人才培养模式要有所创新,对民间健身领军示范人物的发掘和扶持力度也要进一步加大,将对基层管理人员和工作人员中榜样人物的培育作为关注的重点。将全民健身人才培养与综治、教育、人力资源社会保障、农业、文化、卫生计生、工会、残联等部门和单位的人才教育培训相衔接,畅通各类人才培养渠道。加强竞技体育与全民健身人才队伍的互联互通,形成全民健身与学校体育、竞技体育后备人才培养工作的良性互动局面,为各类体育人才培养和发挥作用创造条件。发挥互联网等科技手段在人才培训中的作用,对社会化体育健身培训机构的扶持力度要进一步加大。

7. 完善法律政策保障

推动在《中华人民共和国体育法》修订过程中进一步完善全民健身的相关内容,使公民的体育健身权利得到依法保障。地方全民健身立法速度要进一步加快,加强全民健身与精神文明、社区服务、公共文化、健康、卫生、旅游、科技、养老、助残等相关制度建设的统筹协调,完善健身消费政策,将加快全民健身相关产业与消费发展纳入体育产业和其他相关产业政策体系。建立健全全民健身执法机制和执法体系,做好全民健身中的纠纷预防与化解工作,利用社会资源提供多样化的全民健身法律服务。完善规划与土地政策,将体育场地设施用地纳入城乡规划、土地利用总体规划和年度用地计划,合理安排体育用地。对保险机构创新开发与全民健身相关的保险产品进行积极的鼓励,为举办和参与全民健身活动提供全面风险的保障。

(四)全民健身战略的组织实施

全民健身战略的组织实施,主要涉及以下两个方面的内容:

1. 组织领导与协调方面要加强

各地在对全民健身事业的组织领导方面要进一步加强,将完善实施全民健身计划的组织领导协调机制建立起来,确保全民健身国家战略深入推进。要把全民健身公共服务体系建设摆在重要位置,纳入当地国民经济和社会发展规划及基本公共服务发展规划,把相关重点工作纳入政府年度民生实事加以推进和考核,构建功能完善的综合性基层公共服务载体。

2. 过程监管与绩效评估方面要严格

县级以上地方人民政府要制定本地《全民健身实施计划(2016—2020年)》,做好任务分工和监督检查,并在2020年对《全民健身实施计划(2016—2020年)》实施情况进行全面评估。将全民健身公共服务绩效评估指标体系建立起来,定期开展第三方评估和社会满意度调查,对重点目标、重大项目的实施进度和全民健身实施计划推进情况进行专项评估,形成包括媒体在内的多方监督机制。

二、健康中国建设

当前,为了进一步推进和实现健康中国建设,已经提出了两大战略,一个是"健康中国2020"战略,一个是"健康中国2030"战

略,这两个战略都分别提出了不同时期健康中国建设的具体指导思想、目标、原则等,具体如下:

(一)"健康中国2020"战略

"健康中国2020"战略是从现在起到2020年中国卫生事业发展的中长期规划,是提高全民族健康素质,实现"以健康促小康,以小康保健康"的重要战略,同时,也是实现人人享有基本医疗卫生服务奋斗目标的重要内容。

作为一项旨在全面提高全民健康水平的国家战略,"健康中国"战略是在准确判断世界和中国卫生改革发展大势的基础上,在深化医药卫生体制改革实践中形成的一项需求牵引型的国民健康发展战略。

"健康中国"战略思想的提出,充分体现出了国民健康领域中的科学发展观,其不仅是卫生系统探索中国特色卫生改革发展道路集体智慧的结晶,同时,也是卫生战线对中国特色卫生事业发展理论体系的丰富发展。

"健康中国2020"战略是以科学发展观为指导,以全面维护和增进人民健康,提高健康水平,实现社会经济与人民健康协调发展为目标,以公共政策为落脚点,以重大专项、重大工程为切入点的国家战略。实施"健康中国2020"战略,是构建和谐社会的重要基础性工程,对于全面改善国民健康,确保医改成果为人民共享,以及促进经济发展方式转变,充分体现贯彻落实科学发展观的根本要求都是极为有利的。

1. "健康中国2020"战略的指导思想

"健康中国2020"战略研究所提出的关于卫生事业发展的指导思想主要有以下几个方面:

第一,卫生事业发展要以邓小平理论和"三个代表"重要思想为指导,深入贯彻落实科学发展观,把健康摆在优先发展的战略地位,将"健康强国"作为一项基本国策。

第二，坚持以人为本，以社会需求为导向，把维护人民健康权益放在第一位，以全面促进人民健康，提高健康的公平性，实现社会经济与人民健康协调发展为出发点和落脚点。

第三，强调"预防为主"，实现医学模式的根本转变，以公共政策、科技进步、中西医结合、重大行动为切入点，着力解决长期（或长远）威胁我国人民生命安全的重大疾病和健康问题。

第四，实施综合治理，有机协调部门职能，充分调动各方面积极性，共同应对卫生挑战，实现"健康中国，多方共建，全民共享"。

2. "健康中国2020"战略的原则

关于卫生事业发展的基本原则，"健康中国2020"战略研究提出，卫生事业发展要坚持以下四个方面的原则：

第一，坚持把"人人健康"纳入经济社会发展规划目标。

第二，坚持公平效率统一，注重政府责任与市场机制相结合。

第三，坚持统筹兼顾，突出重点，增强卫生发展的整体性和协调性。

第四，坚持预防为主，适应并推动医学模式转变。

3. "健康中国2020"战略的目标

为实现卫生事业与国民健康的发展目标，"健康中国2020"战略研究构建了一个体现科学发展观的卫生发展综合目标体系，将总体目标分解为可操作、可测量的10个具体目标和95个分目标。这些目标将保护和促进国民健康的服务体系及其支撑保障条件涵盖其中，能够作为重要依据来对国民健康状况进行监测和评估，并且对卫生事业运行进行积极有效的调控。

具体来说，这10个具体目标为：

(1)国民主要健康指标进一步改善，到2020年，人均预期寿命达到77岁，5岁以下儿童死亡率下降到13‰，孕产妇死亡率降低到20/10万，减少地区间健康状况的差距。

第四章　传统武术健身的发展策略

(2)完善卫生服务体系,提高卫生服务可及性和公平性。

(3)健全医疗保障制度,减少居民疾病经济风险。

(4)控制危险因素,遏止、扭转和减少慢性病的蔓延和健康危害。

(5)强化传染病和地方病防控,降低感染性疾病危害。

(6)加强监测与监管,保障食品药品安全。

(7)依靠科技进步,适应医学模式的转变,实现重点前移、转化整合战略。

(8)继承创新中医药,发挥中医药等我国传统医学在保障国民健康中的作用。

(9)发展健康产业,满足多层次、多样化卫生服务需求。

(10)履行政府职责,加大健康投入,到2020年,卫生总费用占GDP的比重达到6.5%～7%,保障"健康中国2020"战略目标实现。

4."健康中国2020"战略研究采取的有效举措

"健康中国2020"战略研究并提出了推动卫生事业发展的8项政策措施:

(1)建立促进国民健康的行政管理体制,形成医疗保障与服务统筹一体化的"大卫生"行政管理体制。

(2)健全法律支撑体系,依法行政。

(3)适应国民健康需要,转变卫生事业发展模式,从注重疾病诊疗向预防为主、防治结合转变,实现关口前移。

(4)建立与经济社会发展水平相适应的公共财政投入政策与机制,通过增加政府卫生投入和社会统筹,将个人现金卫生支出降低到30%以内。

(5)统筹保障制度发展,提高基本医疗保险筹资标准和补偿比例,有序推进城乡居民医保制度统一、管理统一。

(6)实施"人才强卫"战略,提高卫生人力素质。

107

(7)充分发挥中医药等我国传统医学优势,促进中医药继承和创新。

(8)积极开展国际交流与合作。

(二)"健康中国 2030"战略

中共中央政治局于 2016 年 8 月 26 日召开会议,审议通过"健康中国 2030"规划纲要。中共中央总书记习近平主持会议。

会议指出,编制和实施"健康中国 2030"规划纲要是贯彻落实党的十八届五中全会精神、保障人民健康的重大举措,对全面建成小康社会、加快推进社会主义现代化具有重大意义。同时,这也是我国积极参与全球健康治理、履行我国对联合国"2030 可持续发展议程"承诺的重要举措。"健康中国 2030"规划纲要是今后 15 年推进健康中国建设的行动纲领。

1."健康中国 2030"战略的指导思想

推进健康中国建设,必须高举中国特色社会主义伟大旗帜,以马克思列宁主义、毛泽东思想、邓小平理论、"三个代表"重要思想、科学发展观和习近平新时代中国特色社会主义思想为指导,深入学习贯彻习近平总书记系列重要讲话精神,紧紧围绕统筹推进"五位一体"总体布局和协调推进"四个全面"战略布局,认真落实党中央、国务院决策部署,坚持以人民为中心的发展思想,牢固树立和贯彻落实新发展理念,坚持正确的卫生与健康工作方针,以提高人民健康水平为核心,以体制机制改革创新为动力,以普及健康生活、优化健康服务、完善健康保障、建设健康环境、发展健康产业为重点,把健康融入所有政策,加快转变健康领域发展方式,全方位、全周期地维护和保障人民健康,大幅提高健康水平,显著改善健康公平,为实现"两个一百年"奋斗目标和中华民族伟大复兴的中国梦提供坚实健康基础。

2."健康中国 2030"战略的原则

"健康中国 2030"战略所遵循的原则主要有以下几个方面:

第四章 传统武术健身的发展策略

(1)健康优先原则

把健康摆在优先发展的战略地位,立足国情,将促进健康的理念融入公共政策制定实施的全过程,加快形成有利于健康的生活方式、生态环境和经济社会发展模式,实现健康与经济社会良性协调发展。

(2)改革创新原则

坚持政府主导,发挥市场机制作用,加快关键环节改革步伐,冲破思想观念束缚,破除利益固化藩篱,清除体制机制障碍,发挥科技创新和信息化的引领支撑作用,形成具有中国特色、促进全民健康的制度体系。

(3)科学发展原则

把握健康领域发展规律,坚持预防为主、防治结合、中西医并重,转变服务模式,构建整合型医疗卫生服务体系,推动健康服务从规模扩张的粗放型发展转变到质量效益提升的绿色集约式发展,推动中医药和西医药相互补充、协调发展,提升健康服务水平。

(4)公平公正原则

以农村和基层为重点,推动健康领域基本公共服务均等化,维护基本医疗卫生服务的公益性,逐步缩小城乡、地区、人群间基本健康服务和健康水平的差异,实现全民健康覆盖,促进社会公平。

3."健康中国2030"战略的主题

建设健康中国的战略主题就是"共建共享、全民健康"。

(1)"共建共享、全民健康"的核心

以人民健康为中心,坚持以基层为重点,以改革创新为动力,预防为主,中西医并重,把健康融入所有政策,人民共建共享的卫生与健康工作方针,针对生活行为方式、生产生活环境以及医疗卫生服务等健康影响因素,坚持政府主导与调动社会、个人的积极性相结合,推动人人参与、人人尽力、人人享有,落实预防为主,推行健康生活方式,减少疾病发生,强化早诊断、早治疗、早康复,实现全民健康。

(2)"共建共享"是建设健康中国的基本路径

从供给侧和需求侧两端发力,统筹社会、行业和个人三个层面,形成维护和促进健康的强大合力。要促进全社会广泛参与,强化跨部门协作,深化军民融合发展,调动社会力量的积极性和创造性,加强环境治理,保障食品药品安全,预防和减少伤害,有效控制影响健康的生态和社会环境危险因素,形成多层次、多元化的社会共治格局。要推动健康服务供给侧结构性改革,卫生计生、体育等行业要主动适应人民健康需求,深化体制机制改革,优化要素配置和服务供给,补齐发展短板,推动健康产业转型升级,满足人民群众不断增长的健康需求。要强化个人健康责任,提高全民健康素养,引导形成自主自律、符合自身特点的健康生活方式,有效控制影响健康的生活行为因素,形成热爱健康、追求健康、促进健康的社会氛围。

(3)全民健康是建设健康中国的根本目的

立足全人群和全生命周期两个着力点,提供公平可及、系统连续的健康服务,实现更高水平的全民健康。要惠及全人群,不断完善制度、扩展服务、提高质量,使全体人民享有所需要的、有质量的、可负担的预防、治疗、康复、健康促进等健康服务,突出解决好妇女儿童、老年人、残疾人、低收入人群等重点人群的健康问题。要覆盖全生命周期,针对生命不同阶段的主要健康问题及主要影响因素,确定若干优先领域,强化干预,实现从胎儿到生命终点的全程健康服务和健康保障,全面维护人民健康。

4."健康中国2030"战略的主要目标

到2030年,促进全民健康的制度体系更加完善,健康领域发展更加协调,健康生活方式得到普及,健康服务质量和健康保障水平不断提高,健康产业繁荣发展,基本实现健康公平,主要健康指标进入高收入国家行列。

第四章　传统武术健身的发展策略

到2030年,要实现的目标主要有以下几个方面:

（1）持续提升人民健康水平。人民身体素质明显增强,2030年人均预期寿命达到79.0岁,人均健康预期寿命显著提高。

（2）有效控制主要健康危险因素。全民健康素养大幅提高,健康生活方式得到全面普及,有利于健康的生产生活环境基本形成,食品药品安全得到有效保障,消除一批重大疾病危害。

（3）大幅提升健康服务能力。优质高效的整合型医疗卫生服务体系和完善的全民健身公共服务体系全面建立,健康保障体系进一步完善,健康科技创新整体实力位居世界前列,健康服务质量和水平明显提高。

（4）扩大健康产业规模。建立起体系完整、结构优化的健康产业体系,形成一批具有较强创新能力和国际竞争力的大型企业,成为国民经济支柱性产业。

（5）促进健康的制度体系更加完善。有利于健康的政策法律法规体系进一步健全,健康领域治理体系和治理能力基本实现现代化。

第二节　传统武术健身价值及开展情况分析

一、传统武术的健身价值分析

传统武术本身具有与各民族相符的独特养身、健身形式,有针对性和目的性地将传统武术项目的优势充分利用起来,将应有的作用充分发挥出来,对于全民健身的开展会起到积极的推进作用。

通过传统武术健身,能够达到壮内拯外、身心兼修的目的。从我国一直以来的习武实践和多年的科学研究中可以得知,武术对内外兼修是非常注重的,能够在很多方面影响到身体,经常练习能达到壮内强外、身心兼修的效果。究其原因,主要是由于传统武术是寓意阴阳、身心兼修的活动,具有强烈的感情色彩,追求人与自然的和谐,动作随心所欲,出神入化,顺应自然,天人合一。

另外,武术中的许多功法都已被证明具有较好的医疗保健效果。武术中的基本动作、基本组合、徒手与器械的各种套路运动、搏斗运动中的散手和推手等,都能够有效锻炼和提升人体的速度、力量、灵敏度、耐力、协调性、柔韧性等多种素质。除此之外,传统武术对调息行气和意念活动还较为重视,因此,这对于调节内环境的平衡、调养气息、改善人体机能是非常有帮助的,能够真正起到强身健体、延年益寿的作用。

(一)传统武术的生理健身价值

身体健康,是指生理健康、体魄强健、无疾病和体弱状态。具体来说,就是体重适宜、耳聪目明、牙齿完整、头发有光泽、肌肉丰满、皮肤弹性好。武术动作内容和练习形式丰富多样,不同类别的武术项目其功法方法、动作结构、技术要求、运动风格和运动负荷不尽相同。这里主要对不同类型的传统武术项目的健身价值进行详细的分析和介绍,从而为人们选择适合自己的武术项目提供一定的依据。

1. 太极拳类武术的健身价值

作为中华民族优秀的传统体育项目,太极拳将养身、健身和修身功能融合在一起,在现代社会生活中具有独特的健身价值,深受国内外男女老少的喜爱。

(1)能够有效调节意念与气息

太极拳对调息运气和意念活动是较为注重的,其动作的要求也较高,具体来说:第一,要求处处呈弧形、螺旋式的伸缩旋转,始终意识引导气血循环周身;第二,主张"以意导气,以气运身",要求以腰脊为轴心,微微转动来带动四肢进行有节奏的运动;第三,要求全身松静,畅通气血,达于手足尖端。

(2)能够使情绪得到良好培养

通过太极拳的联系,能保持轻松愉快的情绪并刺激身体,促使内分泌物质保持适度的均衡。长期练习太极拳,能够使人体免疫力得到增强,对多种慢性疾病有积极的疗效,同时,还能对人体内环境平衡起到理想的调节作用。

(3)能够将意识、动作、呼吸有机结合起来

在进行太极拳的练习时,要与呼吸配合起来进行肌肉和骨节的活动,能使动作与呼吸协调,从而使内脏得到有效的锻炼。太极拳练习要求意识、动作、呼吸三者同时协调配合,锻炼方法上的整体性和内外统一性,成为太极拳运动的一大特点,能够对人体整体的和谐与健康起到良好的作用。

2.长拳类武术的健身价值

长拳类武术的健身价值是非常全面的,具体来说,主要从以下几个方面得到体现:

(1)肌肉、神经系统方面的健身价值

长拳类武术动作内容有屈伸、跳跃、平衡、翻腾等,人体各部位器官几乎都参与运动,这能够在一定程度上影响到人体的肌肉、神经等系统。

(2)新陈代谢方面的健身价值

青少年进行长拳类武术运动锻炼,可以促进人体新陈代谢机能良好发展,从而有利于骺软骨最大限度地骨化,促进人体生长和发育。

(3)心血管系统方面的健身价值

系统的长拳类武术锻炼能够有效改善心脏血管系统技能。具体来说,就是安静时脉搏较慢,收缩压和舒张压都较低。

(4)呼吸系统方面的健身价值

长拳类武术套路静力性工作较多,强度大,时间又短,造成氧债百分位较大,达70%~80%。由此可以得知,通过长拳类武术运动的锻炼,能够使呼吸系统机能得到有效提高。

(5)神经系统方面的健身价值

长拳类武术讲究六合,也就是所谓的内外协调一致,由此,便能够有效提高神经系统支配运动器官的能力,促使内脏器官和运动器官更趋协调。

3.南拳类武术的健身价值

南拳手法多样,而且"多短拳";动作紧凑,劲力刚健,步法稳固,重心较低;快慢相间,长短并用,刚柔相济,以刚为主。由于南拳劲力饱满,因此,经常进行南拳类武术的锻炼,能使肌肉发达,筋骨强壮,力量、速度等身体素质可有显著提高。同时,由于南拳的蓄劲闭气与发劲开声交替使用腹式呼吸,因此,长期进行南拳类武术的锻炼,能够使心血管、消化和呼吸系统的机能得到有效增强,也能进一步促进新陈代谢的提升。

4.导引养生类武术的健身价值

导引养生类武术的要求主要表现为:调息运气、以气运身、气沉丹田、以气催力等,这些都将呼吸和动作结合的重要性体现了出来,不仅使动作完成得更加合理,而且通过呼吸增加了对内脏器官的锻炼。导引养生类武术对放松是非常重视的,具体来说,即是全身心放松很明显,松而后能活,活而后能通,从而对通经活络起到一定的帮助作用。导引养生类武术的整体性、全面性、协调性,对经脉脉气在遍布全身上下、内外的经络系统中运行有着积极的促进作用。通过导引养生类武术锻炼,能够使经络渠道发生故障的情况得到有效避免,保持疏通贯达,从而将经络系统调节、控制人体生命活动的重要功能充分发挥出来,保持身体健康,防止或减少疾病。

5.对抗类武术的健身价值

通过对抗类武术的锻炼,能够有效调动起全身的肌肉、器官,使其积极参与到健身运动中来,这在一定程度上促进了练习者各项身体素质的全面发展。一般来说,对抗类武术具有练习强度较大,对爆发力、速度的要求较高的显著特点,因此,需要在短时间内消耗更多的能量。这一机能变化,能够使心肌代谢加强,收缩压升高,从而刺激心肌使血流量增加、张力增强、收缩有力;另外,耗氧量增加,对肺通气功能的提高,肺泡活性的保持、改善等心肺功能的增强都有一定作用。长期坚持对抗性武术练习,有助于肌纤维增粗,肌肉结缔组织弹性改善,肌腱弹性和韧性加强,使练习者的肌肉发达,力量增大,体格健壮。

(二)传统武术的心理健身价值

传统武术在心理方面的健身价值,可以从以下几个方面得到体现:

1.能够促进智力的发展与提升

经常进行传统武术运动锻炼,能够在有效提高练习者注意力、反应能力、思维能力等的同时,还能对情绪稳定、性格开朗起到积极的促进作用,这些非智力因素对于人们智力的发展也会产生积极的影响。武术对抗性练习中,练习者要以对手的攻击动作为主要依据做出系列反应训练,从而使练习者反应速度得到提高,反应时间缩短,神经系统功能增强。长期进行传统武术运动锻炼,能够有效促进血液循环,提高呼吸功能,使大脑获取更多的养分,从而为练习者记忆力和想象力的提升起到积极的帮助作用。

2.有助于良好情绪状态的培养与保持

武术运动锻炼对心理健康的影响主要从练习者的情绪状态上得到重要体现。从相关的研究中发现,有紧张、烦躁情绪的人只要练习太极拳或做导引养生功15分钟以后,紧张的情绪就会松弛下来。究其原因,主要是由于武术运动能够使脑部血液流量得到有效增加,对体内能产生良好感觉的"内啡肽"的释放起到积极的促进作用,从而达到改善情绪的目的。除此之外,在传统武术的锻炼过程中,还能使人产生快乐和积极的情绪,并通过这种成功和满足的体验不断增加自己的自信心,进而保持良好的情感体验并更好地致力于学习和工作中。

3. 有助于坚强意志品质的形成

传统武术的练习过程,实际上是非常艰苦的,如果要达到武术运动的高水平,必须经年累月,甚至用一生的时间苦练不辍才能练就。如果有些练习者怕苦怕累,稍有懈怠,则会半途而废。"拳不离手,曲不离口""一日练一日功,一日不练十日空"等就对此进行了形象的说明。由此可见,武术练习者只有锲而不舍、自强不息地坚持,才能修炼出深厚的功夫,并形成良好的意志品质。

4. 培养道德风尚,健全人格价值

对于习武者来说,要做到"未曾习武先学礼,未习武先习德",这是首要的也是最基本的条件,自古至今,传统武术一直被人们当成修身养性、健全人格的一种手段。"学艺先学礼,习武先习性"是历来教武育人的准则。传统武术在中国几千年的发展过程中,逐渐形成了重礼仪、讲道德,诸如尊师爱生、互教互学,以武会友、切磋技艺、增进友谊、讲礼守信、见义勇为等品德,这些都在一定程度上体现出了中国武术传统道德观念。传统武术运动,也在一定程度上对传统道德的标准与社会主义精神文明的结合起到积极的促进作用。可以说,这不仅是传统武术道德观念的体现,更是现代社会的做人准则,健全人格价值的具体表现。[1]

二、传统武术的开展情况分析

当前,传统武术已经得到了较为广泛的开展,具体来说,主要表现在以下几个方面:

---

[1] 姜玉泽.传统武术的健身价值探析[J].聊城大学学报(自然科学版),2004(01).

(一)传统武术的管理和保护都存在一定的欠缺

由于社会各团体组织没有深入认识和领略到传统武术的魅力,这就使得所启用的保护机制存在着不完善的问题,有效的保护措施方面也较为欠缺,除此之外,武术继承不足、文化挖掘方式单一等问题也是较为显著的。由此,便造成大量人力、物力、财力的无端消耗,中国传统武术"断层"现象越来越严重。

(二)传统武术的生存发展空间受到外来文化的冲击

随着奥林匹克运动全球化范围的开展,跆拳道、空手道等一些国外竞技项目逐渐进入到国内市场,而这些竞技项目以其显著的竞技性、刺激性等特点,以及规范的礼仪能使人得到教育,简单易学的动作既可健身,又可防身,受到人们的欢迎与喜爱,各地雨后春笋般地凸现大量跆拳道道馆,而且练习的学员人数不断增加。相对于此,武术套路往往对武术的技艺展示更加重视,而在防身的实用技术和武德的教育方面也较为欠缺。武艺、武德在武术传播过程中的分离和分化,造成武术在国内青少年人群中失去了巨大的市场。[1]

第三节 传统武术健身的指导与科学发展

一、传统武术健身的科学指导

在传统武术健身的活动中,为了保证理想的健身效果,需要对练习者进行科学的指导。具体来说,首先要遵循一定的原则,在此基础上,要采取有效的健身锻炼方法。

---

[1] 程传波,孙佳钰,文河保.牡丹江市传统武术开展现状与推广研究[J].知音励志,2016(11).

(一)传统武术健身的原则

传统武术的健身原则是在遵循传统武术发展的基本规律的基础上,在长期的运动实践经验中总结、概括出来的,其对人们科学、合理地进行健身实践有着重要的指导作用。具体来说,传统武术健身需要遵循的原则有以下几个方面:

1. 全面性原则

通过传统武术健身锻炼,能使人的身体素质得到全面的发展。人体是由各种器官、组织和系统构成的,尽管各器官系统是相对独立的,但它们之间也是相互影响和制约的。在进行传统武术健身时,要对全面锻炼身体各器官系统加以重视,从而使身体发展不平衡和不协调得到有效避免。在传统武术健身活动中,不仅要对肌肉、形体的外在发展加以重视,也要对内功的修炼加以重视,从而使机体形态和功能的全面发展得到有力保证。

具体来说,在传统武术健身中贯彻全面性原则,需要对以下两个方面的事项加以注意:

一方面,要有丰富多样的武术健身内容和手段。不同种类的武术,其具有不同的内容和手段,因此,这就要求注重全面锻炼,进行优势互补和技能的正迁移,使各方面的身体素质和技术技能得到更好的发展。

另一方面,要将身体的全面发展与重点发展有机结合起来,以项目的专业要求为主要依据,将发展和锻炼所需要的素质和部位以及在劳动过程中活动最少的部位作为首要目标。

2. 区别对待原则

对于传统武术健身来说,其是非常重视个人特点的。因此,这就要求在传统武术健身过程中,要始终贯彻区别对待的原则,从而使不分情况、千篇一律的做法得到有效避免,锻炼者最好从事带有竞技性的传统武术运动项目。

3.经常性原则

传统武术健身应该从生理学的角度出发，能够对人体的新陈代谢以及生命物质与周围环境进行物质交换起到积极的促进作用。以"用进废退"的学说为依据，并且与增进体质靠积累、提高运动技能有过程、锻炼效果不稳定的特点有机结合起来得知，只有持之以恒地进行传统武术健身锻炼，才能达到良好的健身效果。

在传统武术健身过程中贯彻经常性原则，需要对以下几个方面事项加以注意：

第一，要连贯、系统、逐步地提高传统武术健身内容、运动负荷。

第二，应该养成良好的健身习惯，把传统武术融入生活中去，系统、有规律地坚持健身。

第三，要使运动损伤和事故的发生得到尽可能避免，尽量使因伤病影响健身的系统性情况得到避免，使锻炼者的安全得到保证。

4.合理安排负荷原则

在安排传统武术健身的负荷时，一定要做到大、小适当，究其原因，主要是由于负荷过大，会超出机体所承受的能力，对身体健康造成不利影响，甚至会对身体造成一定的伤害。合理安排负荷，具体来说，就是在时间和负荷的安排上，始终要高于机体适应的水平。传统武术健身必须有一定的负荷，才能达到效果。这就要求在传统武术健身中，锻炼者应该逐步地、有节奏地加大运动负荷，并使大、中、小负荷科学结合。

由于锻炼的时间、密度和强度都会影响到负荷大小，因此，可以通过对这三个因素的适当调节来达到有效调整负荷大小的目的。明确负荷大小时应对传统武术习练者的性别、年龄、体质水平、身体状况、项目特点和锻炼的具体目的等因素进行综合考虑。

5. 渐进性原则

在传统武术健身过程中,要有序地、逐步地增强身体素质,尤其是负荷量的安排,更要逐步增加,让锻炼者有一个逐步适应的过程。否则,突然增大负荷量,或负荷忽大忽小,是不利于良好的健身效果的取得的。

在传统武术的训练中,应该将渐进性原则贯彻到每个环节中,但也要注意一些事项,从而使健身效果得到有力的保证。

第一,要对负荷强度的逐步递增加以注意,同时,还要与人体在参加运动时机能活动变化的规律相符。

第二,要注意锻炼的时间和次数要逐步增加。

第三,要注意锻炼的内容要由简到繁,由分到合。

第四,在锻炼的要求上,要求做到由低到高,由易到难,逐步加大难度。

6. 自觉积极性原则

传统武术健身是一个自觉锻炼的过程,如果缺乏较强的自觉性,是不可能取得理想的健身效果的。从长期发展效果出发,传统武术健身是一件非常辛苦的事情,必须经过刻苦的练习才能取得良好的健身效果。另外,运动者体质的增强也并不是通过一次传统武术的健身锻炼就能够取得的,而是在长期积累过程中获得的,因此,它容易被人们忽视,对它的重视程度也会越来越低。这时候,遵循自觉积极性原则就显得尤为重要了。

具体来说,要想使人们健身的自觉积极性有所提高,就必须对传统武术有所认识,对传统武术的功能、锻炼的价值、科学锻炼的知识和锻炼的方法,都要有所了解。

(二)传统武术健身的方法

通常情况下,传统武术健身采用的方法有很多种,其中,最为

第四章 传统武术健身的发展策略

主要的有以下几种,具体要根据实际情况和需要进行有针对性的选择和运用。

1. 重复练习法

这种方法并不是在所有的情况下都是适用的,具体来说,其适用范围主要有两个方面:一方面,是负荷较小或用时较短的项目;另一方面,是动作技术比较复杂,难以掌握的项目,或者运动负荷较大,难以一次完成的练习。这种方法在练习过程中每组或每次练习都安排一定的休息时间,且每次(每组)练习的距离、时间、强度、间歇时间和练习的总次数要合理和固定。

在传统武术的健身过程中采用该方法时,要包括重复的总次数、每次练习的距离或时间、每次练习的强度及间歇时间等在内的重复要素确定下来,同时,还要使每次练习的质量得到保证,克服单调、枯燥及厌烦情绪。

2. 间歇练习法

由于间歇练习法的两次练习之间休息时间短,机体尚未完全恢复,因此会对提高机体运动负荷产生较大的影响。具体来说,这种方法对于青少年健身者是非常适用的。

一般来说,可以以健身者个人身体机能状况为主要依据而将间歇练习法中间歇时间的长短确定下来。一般的,水平低者,间歇时间可长;反之,则间歇时间应短。心率每分钟 120 次左右是较为适宜的。在间歇过程中应采取如慢跑、按摩和深呼吸等积极性的休息和放松方式,从而使血液回流加快,使氧气供应得到保证。

3. 循环练习法

在传统武术的健身过程中运用循环练习法,往往能够获得综合锻炼、全面发展的良好效果。需要强调的是,要按照全面性原则去搭配项目,这是非常重要的。针对青少年来说,在进行传统武术健身锻炼时,要注重身体各个部位的全面运动与发展,同时,在追求形态的健美时也要注重机能、素质的全面发展。鉴于此,就要求必须科学地搭配项目。另外,循环锻炼的各个项目都要用轻度的负荷进行练习,通常来说,本人最大负荷量的 1/3~1/2 的强度是较为适宜的。随着机体适应程度的提高,循环的次数和各个项目的练习强度也要进行适当的增加。

4. 持续练习法

在传统武术健身过程中,运用持续练习法能够达到把负荷量维持在一定水平上,使健身者的身体能充分地受到锻炼的作用。从谋求良好的锻炼效果出发,要在讲究重复和间歇的同时,讲究连续。重复、间歇、连续三者都应在锻炼过程中得到统一,并发挥其各自的作用。持续练习时间的长短,要以负荷价值有效范围为依据才能确定下来,如此,能够使机体的各个部位长时间地获得充分的血液和氧的供应,从而达到有效增强有氧代谢能力的目的。

5. 变换练习法

变换练习法有很多种变换形式,比如练习项目的改变、练习要素的改变,以及运动负荷、练习环境和条件的改变等。在传统武术健身过程中运用变换练习法,往往能够使中枢神经系统的灵活性得到提高,身体的调节能力和适应能力也得到发展和提高。同时,在调整健身计划、活跃锻炼氛围、提高健身积极性等方面也有一定的意义。

二、传统武术健身的科学发展

利用武术的文化优势,进行武术文化的宣传和渲染,并且通过课程和讲座以及媒体形式来传播武术文化,让人们先建立起认知结构,再来指挥行为,落实到行动上。①

(一)创编一些简单易学的武术健身项目

毋庸置疑,传统武术具有非常显著且独特的养生健身功能,但由于武术难学难练使许多人望而却步,或者知难而退,因此,一些简单易练、趣味性强的体育项目是比较理想的选择。随着社会的不断发展,要想满足社会需求和人们的要求,就要求创编一些简单易学的武术健身项目,比如,较具有代表性的 8 式、16 式太极拳和养生太极推手等群众健身项目。要以不同层次的习武人群和练习水平为主要依据,有针对性地创编出难易程度不同的武术健身项目,供广大武术健身爱好者有选择性地学习。

(二)通过各种途径来使社会武术指导员的专业技术水平得以提升

由于社会武术指导员普遍存在着专业技术水平较低的问题,因此,这就要求政府主管部门要定期或者不定期地对社会武术指导员进行专业培训,大力培养优秀的社会武术指导员,从而使他们的武术理论和技术水平得到有效提高。通过对社会武术指导员的培训,使他们对武术健身指导及组织管理的理论和方法熟练掌握。同时,还要建立各种相关的组织机构,比如常见的社会武术指导员管理委员会、社区武术指导中心、社会武术指导员协会等,由此来将社会武术指导员在群众武术健身中的作用充分发挥出来。除此之外,还可以考虑与运动队、武术馆校和体育院校联合办学,从而将更多高质量的优秀社会武术指导员培养出来。

(三)武术健身活动场所的建设力度要加大

由于传统武术所受到的重视程度一直低于竞技体育运动,因

---

① 陈忠丽.浅析当今中国武术的健身价值及发展[J].商,2016(06).

此,在资金支持方面就非常少,这也就导致武术相关的配套设施建设不足,制约了传统武术健身活动的开展。鉴于此,这就要求政府主管部门应在政策和资金上给予最大限度的支持和优惠,使武术健身场馆设施建设速度进一步加快,具体来说,比如政府主管部门鼓励和政策上支持健身俱乐部增设武术健身场馆;政府主管的大型体育中心和高校综合体育馆的武术健身场馆向附近的居民免费开放;在公园等场所增加武术压腿肋木架、松软的塑胶地面及避雨的凉亭。

(四)将系统的武术健身活动组织网络体系建立起来

传统武术健身要想得到进一步的发展,武术健身活动网络体系的构建是必不可少的重要基础。武术健身活动网络是由各个武术健身协会、武术健身俱乐部相互联系、相互作用所形成的系统的网络结构形式,而各协会和俱乐部之间的协调与合作也为武术健身活动网络体系的存在和发展奠定了坚实的基础。需要强调的是,武术健身活动网络体系要想得到有效的构建,必须在完善的武术健身场所基础设施的基础上才能得以实现,同时,还需要借助于网站宣传或者论坛,科学地组织和管理,加强各个武术健身俱乐部的相互交流,从而使整个武术健身活动网络在各个武术健身俱乐部的支撑下的协调发展得到有力保证。

(五)通过加强传统武术健身的宣传,建立广泛的群众基础

对于传统武术健身的发展来说,非常重要的两个方面,一个是加强武术健身推广的宣传力度,一个是扩大武术健身的社会影响。具体来说,首先,通过电视、网络、书籍、报刊等多种媒体,进行多渠道、多形式、全方位的宣传工作。通过传播媒介的作用来对传统武术健身的作用进行大力宣传,从而使人们对武术健身的认识更加深入,更加清晰地了解武术健身的重要性,从而对武术健身的作用和科学性产生认同,为参与到传统武术健身的活动中

第四章　传统武术健身的发展策略

奠定良好的基础。其次,要对科学的武术健身理念加以传播,这样,就为传统武术健身的推广起到积极的促进作用,使群众对传统武术健身的科学性有所了解,进而为传统武术健身活动的发展起到积极的推动作用,也为不同领域、不同层次、不同年龄、不同性别的人群提供适合的武术健身运动项目,从而保证理想的健身效果。

第五章 传统武术教学的发展策略

现阶段,我国传统武术在进入高校后取得了一定的发展,受到了一些学生的喜欢。与此同时,传统武术的教学也取得了一定的进步,但是,受到其他体育项目教学等的冲击,传统武术教学的发展遇到了一定的瓶颈。本章主要探讨我国传统武术教学的发展策略,主要包括对我国传统武术教学的情况分析,探讨影响我国传统武术教学发展的因素,并进一步探索传统武术教学的科学模式。

第一节 我国传统武术教学的情况分析

武术作为中华优秀传统文化的代表,自从进入到学校教育中以来,得到了一定的推广和发展,但是由于受到其他体育运动项目的冲击,其教学情况也不是非常乐观,本节将对我国传统武术教学的实际情况进行分析。

一、武术教学内容分析

各高校开设的教学内容主要是国家规定的武术套路,包括初级长拳、24式太极拳、太极剑等内容,只有个别高校开设了其他武术教学内容,如形神拳、女子防身术等。学生们对所开设的武术教学内容的满意度一般,大部分人还是希望可以开设武术攻防技击内容,包括散打和防身术等。另外,男生和女生的喜好是不同的,男生比较喜欢武术的散打和器械(刀、剑、棍等),女生比较喜欢的是太极拳、太极剑和防身术等。

大部分高校在进行武术教学时,不会传授武术的养生功法,他们更注重武术竞技套路的教学,在教学过程中,也不是非常注重对武术攻防技击含义的教学传授。

学生们对于武术教学的内容的满意度不是很高,他们希望武术的教学内容可以发生一些改变,表达了不同的诉求,希望在课堂上可以学到武术的历史故事、武德等内容,希望学校可以增加一些教学内容,如武术的理论知识、武术的健身养生类内容、武术的攻防技击类内容,并希望可以增加一些武术的课时数,增加武术比赛表演的教学等。

从教学内容来看,高校在开设相关武术教学内容时,应该尽可能地选择学生们喜欢的内容,并根据性别进行分类教学。

二、武术教学方法分析

由于武术结构的复杂性,武术动作的难学性,武术教学是比较难的,因此,武术的教学方法也就显得非常关键。大部分老师采用的是传统的教学方法,主要包括分解与完整教学法、动作示范法和预防与纠正错误法,只有少数老师采用的是启发式教学方法和讲解动作原理的方法。

大部分老师采用的还是填鸭式教学和传统的技能式教学方法,没有以学生为主体,不能发挥学生的主观能动性,在一定程度上影响了学生学习武术的积极性和兴趣,对武术的教学质量也产生了一定的影响。

学生们希望教师在进行武术教学的时候,多从学生的角度出发,去示范武术中的动作,如果可以的话,可以多准备一些教材,细化教学中的动作名称、动作要领等,促进学生对武术教学内容的学习。此外,教师应该尽可能地发挥学生的主观能动性,采取新颖的教学方法,促进学生学习的自主性。

三、武术教学大纲分析

大部分高校在进行武术教学的时候,都有自己的武术教学大纲,但这些教学大纲的制定时间有些落后,大部分是在2008年之前制定的,很少有高校在最近几年制定或修订教学大纲。因此,这些教学大纲能否适应现在新一批大学生,特别是随着"95后"逐渐进入校园,他们的身心发展迅速,具有一些鲜明的特点,拥有自己独特的爱好,所以,这些教学大纲能否满足学生们的需要,是一个非常值得思考的问题。

四、武术教学教材分析

教师们都使用着一些武术类的教材,从研究结果来看,大部分人使用的是由高等教育出版社出版的《武术》和人民体育出版社出版的《中华武术教程》,同时,大部分老师都拥有自己的教学光碟。但是在其他一些地方高校,比如江苏省,武术教师们使用的教材是体育教师或者几家高校一起进行编写的教材。

五、武术教学课时分析

对于大部分高校来说,武术教学的总课时,其中大部分占据了一学年的课时,即72学时,有的学校只占据了36学时,即一学期的课程,只有很少数的高校会开设连续四学期的武术课时,这些课程主要是开设了相应的拳术和器械教学。大部分老师认为一学年的课时数是比较合理的,可以保障相应的教学质量。

六、武术教学评价分析

武术教学的课程评价主要采用出勤率、体能考核和武术竞技套路的标准来进行评判,没有考虑到学生的身心发展情况,对于运动能力不同的学生没有进行公平评价,不是根据其上课的态度进行合理的评价,造成评价的不科学性。

对于武术教学的效果,大部分高校采用的是武术技术的掌握评定、体质测试和平时表现来进行认定,对于武术技术的掌握主要是根据竞技武术的动作质量和技术水平来进行判定。在评价的过程中,忽略了学生的学习态度、兴趣和个体差异等,对学生学习武术产生了一定的影响,影响了他们学习武术的积极性。

此外,学生们反映,在上武术课时,由于武术的动作复杂难学,需要更多的课时数才能学会,希望可以增加武术教学的课时数。此外,由于上课时人数过多,造成在做一些武术动作时,不能展开相关的动作,不能看清楚老师的动作示范,影响了学习的效果,因此希望可以合理地安排武术教学的场地和教学规模,合理安排教学的队形队列,使每一个学生都可以公平地得到学习的机会。

七、武术教学的影响因素分析

在高校中开设武术课程受到多方面因素的影响,下面将结合相关的调查研究,进行具体分析。

(一)学校领导重视程度

学校武术教学的发展水平如何,很大程度上得看学校领导的重视程度,具体来说,学校武术教学资金的投入、教学资源的配备、教学环境的建设等都会受到领导对武术教学重视程度的影响。在武术教学过程中,学校师生能够察觉到学校领导对武术教学的重视程度。

有学者进行过相关的调查研究,其调查结果见表5-1。

表5-1 教师和学生认为学校领导是否重视武术教学[①]

领导重视程度	学生		教师	
	人数	比例(%)	人数	比例(%)
非常重视	47	8.92	3	6.25
重视	95	18.03	7	14.58
比较重视	212	40.23	29	60.42
不重视	105	19.92	9	18.75
非常不重视	68	12.90	0	0.00

---

① 王平.湖南省普通高校武术教学的困境与出路[D].湖南师范大学,2012.

(二)武术教学的场地器材

武术教学离不开场馆器材,这是基础条件,也是基本保障。武术教学活动的开展情况直接受武术场馆器材完善程度的影响。武术教学的顺利开展需要学校提供良好的物质基础条件,即确保有先进的体育场馆、标准充足的武术器材。

有学者进行了相关的调查研究,调查结果见表 5-2、表 5-3。

表 5-2　教学场馆能否满足全年候室内武术教学[①]

能否满足全年候室内教学	数量	比例(%)
是	2	15.38
否	11	84.62

表 5-3　武术教学中武术器械是否人手一把[②]

是否能人手一把	数量	比例(%)
是	12	92.13
否	1	7.69

调查结果显示,在教学场地方面,虽然大部分高校都有充足的室外场地,而且日常教学所需基本上也能够得到满足,但很多高校都存在着室内教学场地不足的现象,被调查的高校中,现有教学场地可以满足全年室内武术教学需要的学校只有 2 所,占 15.38%,而不能满足的学校占 84.62%。

在武术器材方面,大部分高校的武术器械还是比较充足的,在武术课中可以使学生人手一把器械的学校占到 92.31%,只有 7.69% 的学校不能满足这一点。

[①②] 王平.湖南省普通高校武术教学的困境与出路[D].湖南师范大学,2012.

(三)武术教学的师资

武术教学是在体育教育目的的指引下,由武术教师与学生共同完成的教学活动。学校武术运动的普及与开展情况、学生在武术学习中个性的发展等都与武术教师的教学水平有直接的关系。随着探究式学习法、发现式学习法、创新式学习法等创新性教学方法的不断出现,学生对武术教师的教学水平和专业素养也有了越来越高的期待。

有学者从年龄结构、学历情况、职称情况三个方面来对武术教师的现状进行了调查与研究。

1. 年龄现状

武术教师的年龄结构调查具体见表5-4。

表 5-4 武术教师年龄情况[①]

年龄	人数	比例(%)
<30 岁	14	29.16
30—40 岁	17	35.42
40—50 岁	12	25.00
>50 岁	5	10.42

从调查结果来看,48名高校武术教师中,有14名教师的年龄在30岁以下,占被调查总人数的29.16%;有35.42%即17名教师的年龄在30—40岁之间;有12名教师的年龄在40—50岁之间,占总人数的25%;另外,还有10.42%的教师年龄在50岁以上。

2. 学历现状

武术教师的学历现状调查具体见表5-5。

[①] 王平.湖南省普通高校武术教学的困境与出路[D].湖南师范大学,2012.

表 5-5　武术教师学历情况[①]

学历结构	人数	比例(%)
本科	23	47.92
硕士	24	50.00
博士	1	2.08

从调查结构来看,有47.92%的教师为本科学历,共23人;有50%的教师为硕士学历,共24人;只有1人获得了博士学历,占总人数的2.08%。

3.职称现状

武术教师的职称现状调查具体见表5-6。

表 5-6　武术教师职称情况[②]

职称情况	人数	比例(%)
助教	16	33.33
讲师	20	41.67
副教授	11	22.92
教授	1	2.08

从调查结果来看,有33.33%的教师职称为助教,共16人;41.67%的教师职称为讲师,共20人;副教授有11人,教授只有1人,分别占总人数的22.92%和2.08%。

(四)学生对武术课的兴趣

兴趣是最好的老师,在人的实践活动中,兴趣发挥着重要的作用,兴趣能够使人的注意力高度集中,能够使人保持愉快的心理。所以,在武术教学过程中,了解学生是否对武术运动及武术教学内容感兴趣十分必要,也非常重要。

---

①② 王平.湖南省普通高校武术教学的困境与出路[D].湖南师范大学,2012.

有关学生对武术和武术课教学内容是否感兴趣的调查研究，具体见表5-7、表5-8。

表5-7 学生是否喜欢武术运动[①]

是否喜欢武术运动	人数	比例(%)
非常喜欢	87	16.51
喜欢	125	23.72
比较喜欢	212	40.23
不喜欢	75	14.23
非常不喜欢	28	5.31

调查数据显示，非常喜欢武术运动的学生占到16.51%；喜欢武术的学生占23.72%；比较喜欢武术的学生占40.23%；不喜欢和很不喜欢武术的学生分别占14.23%和5.31%。

表5-8 学生是否喜欢当前的武术教学内容[②]

是否喜欢武术教学内容	人数	比例(%)
非常喜欢	16	3.03
喜欢	41	7.78
比较喜欢	186	35.30
不喜欢	211	40.04
非常不喜欢	73	13.85

从表5-8的调查结果来看，非常喜欢武术课教学内容的学生只有3.03%；喜欢武术教学内容的学生也只有7.78%；比较喜欢武术课教学内容的学生占35.30%；不喜欢和很不喜欢武术课教学内容的学生一共占53.89%。

（五）学生对武术的认知情况

认知是人认识外界事物的过程，或者对作用于人的感觉器官

---

①② 王平.湖南省普通高校武术教学的困境与出路[D].湖南师范大学,2012.

的外界事物进行信息加工的过程,在这一过程中,人们不断接收感觉信号,并对接收到的信息进行检测、转换、合成、编码、储存、判断、提取等,经过一系列的加工过程,最终形成认识。因为武术运动流派众多,动作结构繁杂,文化内涵丰富,因此要准确地认识和理解武术是有一定难度的,再加上学生受电视电影、武侠小说等对武术夸张描述的影响,没有形成对武术的正确认识和理解。所以,在武术教学中,教师要先了解学生在现阶段对武术的认知水平,才能以学生的实际为依据来组织武术教学,促进学生认识水平的提高。

有学者对学生了解武术的途径、对所学内容的认识、学习武术的动机、对武术的亲身感受等方面来对学生对武术的认知情况进行了调查分析(表5-9)。

表5-9 学生对武术的认知情况[①]

调查一:学生通过何种途径了解到武术		
途径	人数	比例(%)
观看武术赛事	24	4.55
网络	41	7.78
以前练过武术	9	1.71
电影电视	416	78.94
书籍	26	4.93
其他途径	11	2.09
调查二:武术课中的内容与自己理想中的武术是否有差别		
是否有差别	人数	比例(%)
没差别	26	4.93
差别不大	84	15.94

---

① 王平.湖南省普通高校武术教学的困境与出路[D].湖南师范大学,2012.

续表

调查二:武术课中的内容与自己理想中的武术是否有差别		
途径	人数	比例(%)
差别很大	214	40.61
完全不一样	203	38.52
调查三:参与武术练习的动机		
练习目的	人数	比例(%)
健身	152	28.84
防身	173	32.83
感受文化礼仪	7	1.33
学校要求	64	12.14
拿学分	131	24.86
调查四:学习武术教学内容是否促进了身体健康		
武术教学内容对身体健康的促进作用	人数	比例(%)
促进了身体健康	124	23.53
没有促进	261	49.53
不清楚	142	26.94
调查五:武术教学内容是否可以起到防身作用		
武术教学内容是否可以起到防身效果	人数	比例(%)
可以	137	26.00
不可以	294	55.79
说不清	96	18.21

1. 学生了解武术的途径

调查结果显示,通过观看电视电影来对武术进行了解的学生占到78.94%;通过网络、书籍、观看武术比赛、以前练过武术途径对武术运动进行了解的学生共占到总数的18.97%,还有2.09%的学生是通过其他途径对武术进行了解的。

2. 学生对武术教学内容的认识

通过对"武术教学内容与学生理想中的武术是否存在不同"这一问题进行调查后了解到,认为武术教学中的武术内容与自己理想中的武术完全不同的学生有38.52%;认为差别很大的学生有40.61%;认为差别不大的学生有15.94%;认为没差别的学生有4.93%。

3. 学生参与武术学习的动机

学生学习武术都是有一定动机的,调查发现,以为了防身而学习武术的学生有32.83%;为了健身而练习武术的学生有28.84%;为了拿学分学习武术的学生有24.86%;为了感受武术文化礼仪的学生有1.33%;因为学校要求而被动学习武术的学生有12.14%。

4. 学生对武术的亲身感受

学生在经过一段时间的武术练习之后,必然会产生一些感受。调查发现,认为在学习武术之后身体更加健康的学生有23.53%;认为身体健康没什么变化的学生有49.53%;说不清武术学习是否促进了身体健康的学生有26.94%。

在有关武术学习与防身之间关系的调查中发现,认为武术课所学内容具有防身作用的学生占到26.00%;认为没有起到防身效果的学生占55.79%;还有一些学生对此说不清楚,占到18.21%。

(六)教学内容与课时安排

作为武术教学的重要组成部分,教学内容对武术教学质量起到关键性的影响,如果合理地设计了教学内容,就会使学生的兴趣和积极性大大提高。为了能够吸引学生的注意力,提高学生学习的积极性,教师必须选择与现代学生心理特点和思想认识水平相符的教学内容,倘若所选的教学内容是学生不感兴趣的,那么学生自然也就不会积极参与学习了,这时提高教学质量以及传承中华武术的目标就难以实现。所以,为了促进教学效果的提高,更好地传承武术文化,需以武术本身的发展规律、学生的心理特点和兴趣等为依据,对合适的教学内容进行选择。调查发现,初级长拳、五步拳、24式简化太极拳、初级剑(初级刀)是当前普通高校武术课程的主要内容,而且很多高校安排具体教学内容时基本上都是按照国家规定的标准进行的。在课时安排方面,大部分都是安排一个学期的学习时间,每周安排两个学时,课程形式主要是实践课,理论课很少。

有学者进行了相关的研究,学生一个学期上武术理论课的次数,选择0次的学生占69.45%;选择1次的学生占26.94%;选择2次的学生占3.61%;而一个学期上理论课的次数超过2次的一个都没有,如表5-10所示。

表5-10 一个学期所上武术理论课次数[①]

理论课次数	人数	比例(%)
0	366	69.45
1	142	26.94
2	19	3.61
3	0	0.00
4	0	0.00
≥5	0	0.00

第二节　影响传统武术教学发展的因素

传统武术在高校中已经经历了一定时期的发展,但是由于各方面原因,传统武术的教学发展还是遇到了一定的瓶颈,造成这

---

① 王平.湖南省普通高校武术教学的困境与出路[D].湖南师范大学,2012.

种现象产生的原因有很多,本节将主要分析影响我国传统武术教学发展的一些主要因素。

一、其他体育项目教学的冲击

随着现代体育的发展,以及高校体育教学改革的推进,越来越多的体育项目开始进入到高校体育教学的课堂中。一些现代体育项目,如足球、篮球、乒乓球、羽毛球、网球、健美操、游泳等,由于其健身性、娱乐性和竞技性特点符合大学生的身心特点,深受广大学生的欢迎和喜爱。所以,高校在设置体育教学课程的时候,往往会更多开设这些体育课程,并给予足够的课时数,同时,也会吸引更多的学生参与。另外,一些国外的传统体育项目,如跆拳道,在国际上发展良好,也被引入到高校的体育教学中,这些都会对武术教学产生一定的冲击和影响,在一定程度上影响学生参与武术教学的积极性,也会对武术课程的开设课时数、教学场地资源的安排等产生一定的影响。

上述情况的强势冲击,使得人们对中华武术学习的热情产生了一定的影响,使得武术教学的发展进入到了一定的困境。

二、传统武术教学自身的问题探析

(一)武术教学的目的不明确

目前,在大部分高校存在着一种现象,即武术教学的目的究竟是什么还不是很统一,是为了强身健体,还是为了学习一定的攻防技击,不能形成一个统一的认识,从而导致教师在进行教学时,变得犹豫不决,不能形成很好的教学效果。

(二)武术教学的大纲和教材陈旧、单一

武术教学所用到的大纲时间久,不能适应现代大学生的身心特点,在进行教学时,大部分老师也不愿意使用参考教材,而是根据自己的教学经验进行教学,这在一定程度上给学生的学习造成了困惑,影响了教师教学的效果。

(三)武术教学内容设置不合理

1.武术理论内容缺乏

从相关的调查情况来看,我国高校武术教学中,对理论内容的教学是严重缺乏的,不能很好地将武术文化中的精髓和武德思想,如形神兼备、德艺双修、内外合一等,很好地传递给学生,让学生领略到武术的精神文化,而只是将武术作为一项锻炼身体的方式进行传授,让学生简单地模仿相关的动作,这在一定程度上阻碍了学生们认识武术的真正价值,降低了他们学习武术的兴趣,从而进一步影响了武术教学的发展。

2.武术项目过于薄弱

在高校武术教学的内容设置方面,主要还是太极拳、长拳、散打等内容,这些内容在一定程度上可以满足学生的学习需求,但是由于大学生的兴趣广泛,仍然需要进一步拓宽武术教学内容,比如可以设立一些武术养生功法、太极剑、猴拳、螳螂拳等拳种的学习,吸引更多学生的参与。

(四)武术教学方法缺乏创新

现阶段,虽然我国高校进行了一定的体育教学改革,但是武术教学仍然延续着之前的讲解示范方法,学生大部分只是机械地跟随着进行动作的模仿学习,一些有利于激发学生学习兴趣的启发式、讨论式方法并没有被引入到武术教学当中。教师们延续着讲解、示范、练习、纠正错误的教学模式,已经不能适应新时期的学生发展,可能会导致学生对武术兴趣和热情的丢失。因此,必须对武术教学的方法和手段进行创新,才能进一步促进武术教学的发展。

(五)武术教学评价方式的单一性

传统武术教学的评价主要是根据学生对武术技术的掌握程度、身体素质的提高以及平时表现来进行,忽视了对学生学习态度、武术文化的掌握程度、武德等内容的评价,在一定程度上显得有些死板和不公平,从而影响了学生学习武术的积极性,进而也影响着传统武术教学的发展。

(六)武术师资力量的缺乏

由于高校编制等原因,很多高校在配备体育教师时,往往会选择一些大众体育项目的教师,如篮球、足球等,对于武术教师的配备不是非常积极,这就导致教授学生武术的教师可能是其他项目出身,没有深厚的武术基础。另外,由于中国传统武术的武术家们很少能够进入高校担任武术教师,导致学校武术师资力量在一定程度上也会显得薄弱,从而影响了武术教学的进一步深入发展。

(七)武术教学研究薄弱

传统武术的有效教学和发展离不开相关理论的支撑,目前,高校武术教师开展的武术教学理论还很不够,主要体现在研究方法不够,没有形成良好的研究群体和研究氛围,不能很好地找到武术教学研究的切入点等,这在一定程度上也导致武术教学在实践中缺乏一定的科学理论指导,从而影响了武术教学的向前发展。

第三节 传统武术科学教学模式的探索

一、传统武术教学模式概述

(一)传统武术教学模式内容

对传统武术教学模式的内容来说,不但要具备代表性与安全性,而且要具备文化性、体育性、娱乐性以及特定的技击性。在当前的教材体系中,没有体现出传统武术与我国文化之间的关系以及怎样把培育民族精神、传承传统文化贯穿于整个传统武术教育的过程中。教材延续了竞技武术的内容,但依旧停留在竞技武术套路为主的层面上。在文化全球化的背景下,传统武术教学模式承担了新的历史使命,传统武术教学作为无数教育的关键方式与途径,必须在模式与内容两方面符合该需求。

"淡化套路"属于传统武术教学模式改革的重要思路之一。很久以来,学校武术教育中始终将武术套路设定为主要内容。许多参与武术教学的教师仅仅掌握了几个武术套路,难以解释与示范武术的攻防。"淡化套路"并非对套路进行否定,而是对以往部分程式化套路结构与组合进行否定,在传统武术流派中挑选部分相对实用的招法加以组合,其中散招与组合是主要内容,如此能够有效激发学生参与传统武术教学的兴趣。与此同时,在选取素材时还需考虑大众化,部分区域特色浓厚的武术流派由于地方特色或个人特色明显,所以不适合选为学校武术教育素材。应当把教育部和武术管理部门的有关专家组织起来共同研究,明确哪些东西能够代表我国武术,学生想要学习什么样的中国武术,编写出一整套全国统一教材,并且要将地域文化差异考虑在内,充分考虑统一教材、地方教材、校本教材三者结合,如此才能使传统武术教学内容显现出多样性特征。

(二)传统武术教学的理念

在传统武术技术教学过程中,不可以仅将武术视为简单的体育项目,应当把文化教育与道德教育融入在内,利用肢体运动,使学生充分感受"技术后面的文化"。传统武术文化教学应当从武术礼节的教学上入手,在传统武术教学顺序方面要先教礼节后教武术技术,同时,还需把礼节贯穿在传统武术教学模式的全过程,体现在传统武术教学的所有环节中。要积极挖掘武术技术的文化内涵,如递送器械的方式就值得深入研究。从军事实用性角度进行分析,进剑者一方面要横递,另一方面要左首,换句话说就是在呈剑时要双手捧剑将剑首朝左。原因是这样不仅可以让受剑者右手可以自然接到剑柄,也可以让进呈者免去行刺之嫌(即表达进呈者没有行刺之嫌)。最后,对传统武术文化资源加以开发,还包括开采动作名称文化。在武术现代化中,如以"仆步穿掌"取代"燕子抄水",以"虚步前指"取代"金针指南",对过去美学化动作名称实施动作实质清晰的大众化、平白化改造后,还改造了习武者和观看者对武术动作的文化想象,在现代动作名称的性质命名面前,广大群众难以唤起传统动作名称文化命名的美学与历史联想。而该技术动作带来的其他文化联想,正是需要发掘与发扬的武术文化,同样还是当代传统武术教学模式对学生开展文化教育的切入点。

(三)传统武术教学模式的目的

全面掌握传统武术教学的基础常识,纠正习武者思想深处错误的武术理念。对学生开展思想道德教育,促使学生认真遵循武德,树立道德风尚;全面掌握传统武术的基础性技术,推动学生身心健康的发展,增强学生适应自然环境的能力,培养学生积极乐观、开拓创新、勇于挑战的精神,以及勇敢、顽强、坚持不懈的意志品质。学生通过学习传统武术教学模式、掌握传统武术的理论知识与技能,推动学生掌握合理锻炼身体的方法,同时,养成良好的锻炼习惯,为未来课堂教学和自身发展奠定坚实基础。

(四)传统武术教学模式的具体内容

为达到武术教学的要求,武术礼节、基本功以及基本拳种成为传统武术教学模式课程的主要内容。

1.武术礼节

众所周知,习武先习德,武德是习武人修行极为关键的一条,即武礼行天下。武礼指礼貌、握拳礼,能够将其理解成四海之内皆兄弟;德能够指品德、品行。就学生而言,武术的礼节不可或缺。

2.武术基本功

参照学生发育特征来拟定教案。手型可分为拳、掌、勾,步型可分为弓步、马步、虚步、仆步、歇步,基本套路可分为基本热身活动与基本动作。基本热身活动大多以不同种类的跳、跑、游戏为主。基本动作可分为站立冲拳冲掌;马步及弓步冲拳冲掌;弹腿冲拳冲掌;正踢、侧踢、离合、外摆这四种。

3.武术基本拳种

许多人叫"入门拳"——五步拳,不过的确是五步,是融入武术的各种基本手型和基本动作创编成的,如此能够更加熟练地掌握武术动作,增加武术练习技巧、观赏娱乐性以及学生的平衡性,对学生发育成长发挥积极影响。

(五)传统武术教学的课程时间

要想保障学生在习练武术时实现强健体魄的目标,武术教师开展传统武术教学每周至少要有三节课,每节课时是40分钟。规定每节课的时间为40分钟,主要是参照学生特点来加以设计,首先,是充分适应学生集中注意力的时间,如果每节课时间过长则会使学生产生厌学情绪;其次,是因为武术动作相对复杂,一节课学习时间过长、学习内容过多,则会让学生学习任务过重;最后,学习武术课的关键是让学生身体得到发展与提高。因此,科学合理地设计上课时间,是必须考虑的一个因素。

(六)传统武术教学模式的效果

传统武术教学模式涉及身体动作演练,同时,还要求学生之间要做到积极配合,这样不但对学生自信心与表现能力等心理过程发展有积极作用,而且对培养学生较高的身体素质和心理健康发展奠定了坚实的物质基础。传统武术教学模式课程的学习,能够发挥增强学生自信心与表现能力的作用,在灵活性、柔韧性以及力量等身体素质不断增强的情况下,学生体力将更加充沛,自信心将有所增强,这就是传统武术的独特魅力。在传统武术练习过程中,柔韧性动作练习、灵活性动作练习、少许力量练习,可能有效增加关节的牢固性。学生关节臼相对较浅且肌肉发展不均衡,然而在传统武术教学过程中,因为教学内容具有多样化特征,所以可针对学生特征选取有关动作展开学习。通过对练习时间、完成数量、间歇次数、间歇时间的教学,能够让学生易兴奋,也易疲劳,使部分学生体育与耐力差的情况得以提高。学生在学习武术后能够对其身体成长产生积极影响,学习武术能够强身健体,对骨骼发育产生积极影响,强化机体对外界环境变化的适应能力。

(七)传统武术教学模式的师资需求

在现阶段,专门的传统武术教师或开设武术课程的武校、俱乐部很少,在某些大型儿童培训机构中同样不存在专门的传统武术教师。很多现实调查证实,大部分高等体育院校毕业的武术专业人员,没有从事和武术相关的工作,相反会选择其他行业工作。查阅有关文献和实际调查得知,大多数民族传统体育专业(武术)毕业的学生并非不愿意从事和武术有关的工作,而是选择其他行业,这种无奈性的原因来源于多个方面,如社会对武术工作实际需求量、有没有足够能力承担相应武术工作、个人对所选工作的喜好等。传统武术教学模式应当重点培养武术产业人才,武术产业行业处于起步阶段,同时表现出了良好势头,但现阶段懂得武术和产业运动的人很少。高等体育院校在培养武术人才的过程中,应当积极灌输职业体育以及武术市场开发等方面的知识,促使学生具备该方面的能力,从而更好地满足社会对高等体育院校武术人才的需求。

传统武术教师充当着武术课的组织实施者,师资配备属于传统武术教学以及相关工作能否高效开展的决定性条件。在武术项目各项特征的作用下,教师在专业和运动水平两方面需要达到较高水平,因此,专项体育教师配备极为关键。现阶段,仅有很少人是全职武术老师,绝大部分是兼职武术老师。顺利开展传统武术课的前提条件是教师人数。传统武术课程开设学校招聘武术教师时,应将基本要求设定为教师技术水平以及从事武术专业教学的时间,在招聘过程中要高度重视质量与人性化原则,同时,招聘的武术教师应当具备较高的专业技能与教学能力。因此,学校应招聘所学专业为民族传统体育专业武术专项的教师,如此不但能提升教师教学过程中的专业水平,而且能提升传统武术课程的教学质量。教师资质参差不齐是阻碍武校发展的一项重要原因。师资薄弱则很难培养出高水平学员,学校发展壮大更是无从谈起。要想提升武校师资水平,需要对教师资质评估给予高度重视。与此同时,还需组织教师参与具备完整性、系统性、严谨性的教学培训,并且要求全体教师必须获得教师资格证等相关国家证书。在教师素质大幅度提升的情况下,学员水平与武术教学水平方能得到提升,进而实现武校发展壮大的目标。

(八)传统武术教学模式的武德弘扬

传统武术武德的传承即武德的延续,拥有很多种传承方式,特色的师承方式传承与学校普遍意义的传承教育均属于传承方式。武德的修养属于中华民族文化的珍贵财富,发展武德修养需要不间断地传承文化的优秀成分,属于武德修养文化保持应当具备的延续性,防止不必要的断裂,由此可知,传承属于至关重要的部分。

在传统武术教学模式的发展进程中,把武德教育视为核心,着力培养武术人才的仁、义、智、勇,仁是指爱心,义是指信誉,智是指文化,勇是指积极挑战艰难困苦,树立正确的忠诚精神、信义精神、任智精神、勇武精神,持续提升学生的武德修养,进而推动社会道德风尚与精神文明建设,充分反映我国传统的武德修养精神以及武术运动的精、气、神。

1. 增设武德课程

把武德教育纳入到传统武术教学模式课程体系中。在对课程理论加以学习的同时，把武德教育、武德文化也融入武德课程中，改变武德课程单调的问题，推动每位习武的学生团结爱国、拼搏向上，有效激发习武者对武术的兴趣，有效激发习武学生的自尊心、自信心、自豪感。有目标、有评价，并且通过持续的实践反馈来让其更加完善。利用武德教育，使习武学生不再停留在健身、技击、专业技术水平上，而是让习武学生在思想方面接受武术道德思想教育和作用。陶冶学生的情操，磨炼学生的意志，沟通学生的情感，促使学生凝聚成一个整体，共同为武德长远价值而努力。

2. 武德教育的加强

武德教育是在传统道德理论形式的基础上逐步发展而来的，其以中华民族哲学思想作为指导。不断强健习武者的体魄，对于武德修养中的武德教育更应当加强。德育为先属于强化习武者武德教育的必要条件，强化武德教育可以提升习武者的道德品质修养，使其树立正确的理论道德观念，增加习武者对善恶的判断水平。推动教学效果，在绝大部分情况下是由于运动员无知而导致无德的，所以，在武德教育活动中，最开始就对学生开展专门的武德教育，让学生有规可依、有善可从，在每时每刻都认真遵守，此外，进一步加强对习武者的奖罚力度，树立武德教育标兵，将武德教育和爱国精神有机结合，大力开展社会主义精神文明建设，和学生品德教育有机结合在一起，大力弘扬我国优秀传统武术文化。

二、传统武术科学教学模式的发展策略

(一)加大武术场地设施的建设

在武术教学过程中，教学场馆设施对师生的身心活动等具有

第五章 传统武术教学的发展策略

直接的影响,而且武术教学能否顺利开展,武术教学目标能否顺利实现,也在很大程度上受武术教学场馆设施完善程度的影响。要想顺利开展武术教学活动,就必须有先进的场地设施,标准充足的武术器材,这是武术教学最基本的条件,只有这样,武术教学的各种物资需要才能得到满足。但从调查结果来看,高校武术教学中的场地器材比较缺乏,难以满足武术教学的需要。很多学校都是借用足球场、篮球场、田径场等其他项目的教学场地来开展具体的武术教学,而且也不会固定地在一个场地中教学,每次都是看哪块场地是空着的,就用哪块场地,专门的武术教学场地基本上没有。如果天气恶劣,不能进行室外教学时,室内教学也得不到保障。武术课时本来就少,这样一来,武术实践课的课时量就又缩减了,从而对武术教学质量造成了严重影响。面对这一现状,需从以下几方面来寻求突破和解决问题:

第一,建设标准的武术场馆设施。专门的、标准的武术场地与武术教学的发展规律更相符,更能使武术教学的各种需要得到满足,也更能提高武术教学的效率,有利于保证良好教学效果的获得。

第二,有些地区受天气影响比较严重,因而可以建设室内教学场馆设施。室内场馆的建设有利于促进武术室内教学活动的顺利进行。武术室内教学同样能够起到室外教学的作用,同样能够对武术人才进行培养。

第三,对武术教学时间进行合理安排,避免很多班级在同一时间开展武术课,这样就可以减缓对教学场地的压力,也可以对有限的教学场地进行充分的利用,从而保障武术教学活动的顺利开展。

(二)加强武术师资力量的建设

通过对我国部分高校武术教学的师资情况进行调查后发现,当前,武术师资在很多方面都存在着一些不足和问题,我们主要从以下几方面来探讨如何解决这些问题,从而对一支优秀的传统武术师资队伍进行建设。

1. 加强武术专业人才的引进

我国高校武术师资中,普遍存在着专业武术教师、高学历教师较少的问题。对此,各高校应以实际情况为依据,鼓励年轻武术教师继续深造,促进武术教师学历的提高。与此同时,高校还应注意对高学历的专业武术师资的引进,对武术师资队伍的结构进行优化,促进武术师资力量的增强。引进专业武术教师对于改善武术师资现状、提高武术教学质量至关重要。

2. 加强师资培训

调查发现,我国高校中有很多武术教师在大学期间所修的专业是武术之外的其他体育专业,学校为了使武术教学能够顺利开展,不得不从其他专业中调配一些体育教师,使之担任武术教师的职责。由于非武术专业出身,所以,这些教师的专业素养和武术教学能力都十分有限,因而对武术教学的质量造成了影响。对此,高校体育管理部门应定期对武术教师进行有目的、有计划的培训,促进他们专业素养的提高、理论知识的丰富和教学能力的增强,从而使其在武术教学中更好地发挥自身的作用。只有加强相关技能培训,才能使武术师资队伍的整体水平得到提高,也才能更好地与当代大学生的学习特点相适应。

此外,武术教师自身也应积极主动地完善自己,不断更新自己的知识结构,提升自己的武术专业能力。特别是年轻的教师,应树立新的教学观念,提高自己的学历和业务能力,完善自身的知识结构,使自己的综合素质得到全面的提升,从而更进一步地达到新时期素质教育改革的要求。

3. 提高学校领导的重视程度

武术教师的工作积极性和工作效率会受到领导重视程度及工资待遇的影响。调查结果表明,高校领导不是很重视武术教

第五章 传统武术教学的发展策略

学,这就直接影响了武术教师的工作积极性,也难以激发武术教师主动提升自身的专业素质与业务能力。

(三)扩大武术理论知识的传播

当前,我国高校武术课程的教学形式大都是实践课为主,在理论教学方面没有给予高度的重视。此外,受武术影视、武术小说的影响,学生尚未形成对武术的正确认知,或者说认知程度还不够深,对现实中的武术有一些误解。很多大学生都认为学校武术课程中的教学内容不是自己理想中的武术,有的认为差距不明显,有的则认为完全是两个不同的事物。学生之所以未能形成对武术的正确认知,或未能深入认识武术,主要是因为其学习的武术理论知识较少。调查发现,高校虽然设置了武术课程,但是没有对武术理论课进行开设,大都以实践课为主,有的学校虽然设置了理论课,但每学期也只安排了一两次,这与国家规定授课要求(一学年8学时)有很大的差距。对此,高校领导应重视对武术理论课的开设。

当前,武侠电视剧、电影和小说泛滥,虽然这对于丰富人们的武术知识有一定的积极影响,但因为武侠电影对特技场面特别重视,所以就会对一些动作进行夸张的特技处理,因而导致学生对武术形成了错误的或片面的认知。学生上武术课,接触了现实中的武术后,就会因差距明显而感到失望,从而提不起学习兴趣,这对于武术教学目标的实现和武术文化的传承是极为不利的。鉴于此,在武术教学中,武术教师要加强对武术理论知识的传授,向学生讲解武术运动的真实功能与作用,使学生明白影视武术的动作画面大都是经过特技处理的,要正确看待武术特技,要树立正确的武术价值观,这样才能使学生形成正确的武术认知,才能使学生不断加深对武术的了解,而学生也只有在真正认识了武术的真实面貌后,才会对其产生兴趣,从而积极参与其中。

(四)树立正确的武术教学理念

学校开展武术课程教学,首先应站在对传统文化进行传承与发扬的高度上实施技能的教学,向学生传授传统武术基础理论、文化内涵、礼仪等方面的知识,从而促进学生对传统文化认同程度的提高,这样有利于为民族优秀传统文化的传承与发扬奠定坚实的基础。作为一个重要的教育机构,学校是对传统文化进行传承与对综合型人才进行培养的主要阵地。大学武术教学中,应将学术性、通识性、人才培养的全面性重视起来,从而保障学生在良好的校园环境中学习武术。

现代大学教育并不重视对传统文化的传承,因而对传统文化精髓的传播也不完整,这就导致学生鲜少了解传统文化知识。经过几千年的发展与演变,传统武术积淀了丰富的文化内涵,其与众多学科都有着密切的关系,是中国传统文化的重要组成部分。在第八届体育科学大会上,武术分会人员一致认为,武术研究应站在国学高度肩负起促进民族体育文化复兴的历史使命。

学校在弘扬传统文化方面具有一定的优势,在武术课堂教学中,教师可以采取各种方式来对学生进行武德方面的教育,使学生对武术礼仪的标准进行体验,从而使学生对武术技术的理解不断加深,这非常有利于民族优秀传统文化在学生群体中的传播。受儒家文化的深入影响,传统武术在几千年的历史演变中积累了丰富的传统文化礼仪,在武术传承中,"未曾学艺先学礼,未曾习武先习德""尊师重道""行侠仗义"、重视"仁义、道德"等传统礼仪一直是传承的重点。传承传统武术,首先要对高尚的人进行培养,其次才是传承武术技术。传统武术要求人们追求高尚的人格,强调对人们进行道德的教化,武术深厚的文化价值观也因此而得到了明显的反映。

现阶段,传统文化教育在学校武术教学中严重缺失,学生难以正确与深入地理解武术,而且学校对传统武德教育的重视度也很低,一味强调强身健体和技能练习,将武术礼仪教育忽略了,特别是西方体育文化传入我国后,学生基本上都没有主动了解传统武术礼仪的意识,在这种现状下,武德教育势在必行。

(五)改革武术教学的具体内容

学生对武术课程是否感兴趣,是否能够积极参与到武术习练中去,主要是看武术教学内容是否能够吸引学生,是否与学生的身心特征相符。当前,我国很多高校的武术教学内容仍然以新中国成立初期所创编的国家规定套路为主,这一内容不仅陈旧,而且有较大的难度,因此难以吸引学生的注意,无法提高学生的兴趣与积极性。有些学生喜欢武术运动,但对武术课程教学内容的安排不满意,还有些学生对武术不闻不问,更乐于学习国外的同类技击项目,如跆拳道等。因此,我们需要进一步改进高校武术教学的内容,从实际情况来看,目前,从以下两方面来着手对教学内容的改进是比较理想的:

第一,适当地对武术内容的难度进行调整,调低难度,从而使教学内容与学生的基本特点相适应,进而促进学生学习兴趣和积极性的提高。

第二,对武术教学内容的形式进行改革,设计武术教学内容时,并非要使学生学习整套武术套路动作,可以适当地拆开武术套路,就其中攻防性明显的、简单直接的动作单独进行教学。这样不但可以使中国武术实战对抗的特点展现出来,而且学生学习起来也比较容易,学生学习的主动性和积极性才会提高。此外,改革武术教学内容的形式还有利于使学生学习武术的心理需要得到满足,能够使学生对传统武术的认可程度不断提高。这样不仅武术课教学质量提高了,而且武术的价值也得到了充分的体现,武术运动在高校也得到了进一步传播与普及。

(六)选则适合学生的武术教学方法

在进行武术教学时,应该采取一些符合学生身心发展的教学方法,可以充分调动起学生学习武术的积极性和主观能动性,采取学生自主参与和探究的学习方法。根据班级学生的身心特点和学校的实际条件制定合理的教学方法,促进学生对武术学习的积极性提高。同时,也可以借鉴其他体育项目的教学方法,可以参考的方法,促进武术教学模式的创新发展。

(七)制定科学的武术教学评价方式

传统的武术教学主要是通过武术技术的掌握程度以及身体素质的提高等来评价学生学习武术课程的效果,这种方式是不太合理的,应该在考虑学生掌握武术技术的基础上,进一步考查学生在学习武术理论、武术文化和武德修养方面的进步,制定科学的武术教学评价方式,提高武术教学的科学性。

三、传统武术科学教学模式的具体方案

(一)"练打结合"的武术教学模式

传统的武术教学模式主要采用的是武术基本功和套路教学的模式,不能使学生从中体会到武术文化的真谛,即武术中蕴含的技击性,这是中国传统武术家们在历史的长河中,通过一定的社会实践凝练出来的精华,因此,应该在传统武术的教学中,积极发挥武术文化中的技击特点,吸引更多的学生学习和参与,促进武术教学模式的创新和发展。

1."练打结合"教学模式的优势

(1)有利于武术技能的习得

根据运动生理学原理,运动技能的习得需要经历泛化阶段、分化阶段和巩固与自动化阶段,通过"练打结合"的方法,在对练过程中,充分体会到动作的正确性和实用性,更加快速地学到武术技能。

(2)可以提高学生学习的兴趣

通过一定程度的"练打结合",可以提高学生学习武术的积极

性,通过体会武术攻防的精妙,提高其学习的兴趣。实战对练过程中,可以充分满足大学生好奇和探索未知的心理特点,从而不断提高学生学习武术的主动性,促进武术教学目标的实现。

2."练打结合"教学模式的关键

在实施"练打结合"的武术教学模式时,一定要注意体现以教师为主导、以学生为主体的教学思想,通过在练习和对打过程中,引导和启发学生对武术动作的理解,体会不同武术组合动作的含义,学生要主动地进行各种武术动作的习练,并和适宜的伙伴进行对打。此外,在教学过程中,一定要注意进行武德教育的传授,在对打的时候,让学生充分体会到武德的真谛,促进学生对武术文化的进一步理解,从而加强他们学习武术的积极性。

(二)武术俱乐部形式的教学模式

1.成立武术教学俱乐部

武术教学俱乐部是在教师的指导下,由一些武术爱好者参加和成立的。俱乐部应该设立相关的组织部门,主要包括组织部、训练部、竞赛部、宣传部和外联部等,并选举俱乐部的部长等管理人员,俱乐部每周至少开展两次活动,组织武术训练和比赛等活动,教师担任俱乐部的教练,负责对学生的训练和比赛进行指导。

2.选取武术俱乐部教学内容

根据俱乐部学生的身心特点和喜好,选取一些学生喜欢的教学内容,如太极拳、健身气功、长拳和散打等,学生们可以根据自己的兴趣选取适合自己的项目进行学习,俱乐部还可以设置一些武术段位的考核标准,严格根据中国武术段位制进行设定,不断满足学生的多方面需求。

3.制定武术俱乐部的教学方法

通过将参加武术俱乐部的学生分成各个小组,在他们经过一段时间的学习以后,通过以赛代练的方式,指导他们相互之间进行比赛,从而满足学生的比赛需求,提高他们武术学习的积极性。

4.注重培养学生的武德修养

俱乐部对所有参与的学生会员进行一定程度的武德培养,制定俱乐部日常的言行标准,向学生讲解相关的武术礼仪要求,在平时的俱乐部上课和活动过程中,也要不断传递对学生的武德要求,不断提高其武德修养。

(三)基于 MOOC 的武术教学模式

现阶段,随着信息化时代的到来,越来越多的信息技术手段开始运用到教育领域当中,MOOC 这种开放式的网络教学模式很快进入到了人们的视野,也引起了很多体育学者的关注,很多体育学者探索通过 MOOC 方式进行体育教学,作为我国体育教学中的重要组成部分,武术教学也可以引入 MOOC 这种形式的教学模式。

基于 MOOC 的武术教学模式,可以更新传统的教学理念,这是因为 MOOC 的教学模式可以将更多的武术教学资源带给学生,让学生接触到更多的武术课程,学生们可以自主选择自己喜欢的武术课程进行学习,提高了学生学习的自主性。此外,学生还可以将自己的问题反馈给教师,教师根据反馈情况,给出自己的指导建议,促进武术教学的良性互动。当然,这一教学模式由于刚刚起步,需要教师的自主探究精神,需要更进一步的探索。

第六章 传统武术竞技化发展的策略

武术不仅是一种运动,更是一种文化,这是武术区别于其他运动项目的显著特征,也是武术的独特魅力。但在全球化和市场化的今天,传统武术竞技化已经演变成一种不容忽视的发展趋势,其直接影响着我国传统武术今后的发展。为此,本章以传统武术竞技化为研究对象,分别对现代竞技体育与传统武术的交锋、我国传统武术竞技化发展的现实状况、传统武术竞技化发展的科学探索展开深入阐析,以期对传统武术竞技化奠定理论基础,为传统武术竞技化发展提供切实可行的建议。

第一节 现代竞技体育与传统武术的交锋

为了更加深入地阐析现代竞技体育与传统武术的交锋,本节以现代竞技体育中的竞技武术为研究对象,对现代竞技武术与传统武术的交锋进行全方位阐析。

一、竞技武术与传统武术的联系

(一)竞技武术继承和发展传统武术

1.竞技武术出现的历史背景

在时代不断发展的背景下,中国武术已经彻底分离成彼此联系,但存在显著差异的几个项目,竞技武术与传统武术就是其中的两个组成部分。在发展过程中,武术曾经出现过"武艺""国术"等名称。20世纪90年代,首次出现了"竞技武术"的提法,在那个阶段用来竞技的武术产生了一系列非武术动作以及发展走向，武术领域的专家和学者为了将其和传统意义的中国武术区分出来，把开展竞技训练和取得运动成绩为目标的武术套路称之为"竞技武术"，把融入中国传统文化内涵的部分武术流派称之为"传统武术"，还有一种叫法是"民间武术"。

竞技武术与传统武术都是中国武术的重要组成部分，两者在本质上不存在差异，但在社会文化持续变化、中国社会文化和世界体育文化积极接轨的时代背景下，竞技武术逐步从传统武术中分离出来，逐步形成了独立的体系，这不但是中国武术发展的必然趋势，而且是中华民族体育面对西方体育东渐的必然选择。在发展过程中，竞技武术积极反映和遵循竞技体育的特点与原则。以量化原则为例，为严格实施量化评判，竞技武术的竞赛规则还被持续修改，越来越精细的评分标准相继被制定出来。从民国时期马良的"中华新武术"已经显出端倪，以兵操化、标准化来衡量武术的表演形式和内容，这种思想依然延伸到新中国成立后对武术的改造。但是我们可以看到，20世纪60年代出台的"甲组套路"虽然主体是长拳，可在技法上融合了许多传统武术的技法内容，例如甲组拳中有劈挂拳的"三环套月"，甲组棍中也有一些"少林棍"和"疯魔棍"的动作，甲组枪则大量吸收了成传锐"断门枪"的内容，是属于"通背"的技法和风格。自近代以来，体育化的传统武术始终带着竞技的烙印，推进了传统武术向竞技化的改造进程，积极顺应历史形势与历史潮流，同时，获得了不俗的成绩，这些都应当给予充分肯定。

2.竞技武术发展的历史阶段

（1）萌芽时期

1953年，天津民族形式体育表演和竞赛大会是竞技武术发展的起点，一些之前习练传统武术的武术家登上武术赛场，主动接受西方体育竞赛规则的评判，同时，积极革新自己已经掌握的技术体系。该历史阶段可以理解成传统武术与竞技武术有机融合

第六章 传统武术竞技化发展的策略

的阶段。竞技武术对各流派传统武术的部分技法与表现手段展开了积极吸收，尽管在套路表演上把规范化摆在突出位置，但依旧未能打破传统武术理论方面的束缚。除此之外，传统武术同样在各方号召下踏上创新发展的道路。

（2）成熟时期

把原国家体委编写的甲组系列套路当成起点，各省市、自治区开始组建专业武术队，从小对运动员进行专业化训练，以现代长拳的基本功为主要训练内容，强调"基本功贯穿于整个训练过程的始终"。在传统和现代有机融合的训练体系中，运动员的身体素质得到了质的提升，不仅包含现代竞赛所需的力量、爆发力、弹跳力、协调性等，还包含传统武术积极倡导的"手眼身法步，精神气力功"。分析这个阶段的武术运动员训练可知，其把身体素质训练摆在极为重要的位置，不仅把现代体育的"三从一大"设定为训练指导原则，还积极借鉴了传统武术中的延伸训练手段，因而促使武术运动员的表演更有神韵。在这个历史阶段，李连杰和赵长军等知名武术运动员相继被人们熟知，这为当代竞技武术打下了坚实的基础。与此同时，省专业队和市专业队积极邀请传统武术名家向教练员和运动员传授各项经典套路以及功法，这使得竞技武术的表现形式更加多元化。由于教练员结合比赛需要和表演需求实施了适当改造与创新，所以，武术赛场上出现了很多具有代表性的套路。尽管这个阶段运动员在传统武术的演练劲力方面更加侧重于长拳化，但基本上所有环节都贯穿了传统武术训练程序以及精神内涵。

（3）辉煌时期

自第八届全运会到当前，竞技武术的目标转变成奥林匹克，竞技武术运动员逐步朝着"更快、更高、更强"的方向发展，运动员演练的动作难度呈现出了逐步增加的趋势。与此同时，为了对比赛中的不良风气加以遏制，训练与比赛中融入了"指定动作""指定难度"，这项措施对运动员比赛成绩发挥了很大的作用。除此之外，竞技武术的竞赛规则与评分标准都在朝着更加细化的方向发展,比赛要求越来越严格,比赛的各个环节严格遵循量化原则,评分规则的明确性、详细性、条理性、可操作性特征越来越显著,比赛中设置了一些客观条件的限制,追求在相同条件下完成比赛。革新竞赛规则和评分标准的目的是迎合奥运会操作评价体系,为进军奥运会做充足准备。竞技武术的辉煌时期也是散打运动逐步成熟、日益繁荣的时期。

(二)传统武术是竞技武术发展的基础

竞技武术源于传统武术,发展初期的竞技武术套路汲取了传统武术的很多素材与训练手段。随后,由于奥运战略的实行和比赛中锦标主义的博弈,"指定动作"在这种历史条件下退出历史舞台。竞技武术在不受传统武术限制的情况下,发展成为一项单纯的体育运动竞赛项目,大量的非武术动作被移植到武术套路的表演之中,造成了今天竞技武术赛场上满场奔跑、抡臂砸拳的现象。为了更好地吸引观众,特别是武术走向世界后的国外观众和运动员的参与,适当地淡化了武术的技击特点,不可避免地走向了"高、难、美、新"的创新之路。我们呼唤"体用兼备""练打结合"的中国武术,只有从广博丰厚的传统武术中去寻找素材,而对于传统文化的传承和民族精神的弘扬,只能寄希望于体现着中国文化精神的传统武术。传统武术需要在演练方面积极汲取现代体育的表演形式,竞技武术则需要深层次探究传统武术的文化底蕴,立足于多个视角来提升运动员的文化素养。在探究传统武术的开发问题时,应当尽可能打破把武术当成竞技体育项目的局限,应当积极树立武术文化教育观念,对武术文化的教育价值进行深层次挖掘,对武术文化理论进行整合和归纳,尽全力开拓出拥有多个层次的武术文化教育市场,有效防止就体育而体育的倾向出现。

武术是构成中国优秀传统文化的一个关键部分,世界各国人民提及武术都会自然想到源远流长、博大精深的中国优秀传统文化。竞技武术套路是在借鉴西方体操评判规则,并以其为基础逐

第六章 传统武术竞技化发展的策略

步发展起来的运动竞赛形式。以传统武术为比较对象,竞技武术套路的文化内容要少一些。竞技武术散打侧重于参照西方格斗的技术与竞赛体系,和传统武术不存在必然联系。就理论体系来说,竞技武术的套路及散打和古代部分武术典籍对技战术的理解拉开了较大距离,在术语与演练形式上都存在显著差异。例如,竞技武术套路中淡化了对劲力与神韵的熔铸,武术古籍中的很多动作和竞技武术套路中的动作不存在密切联系。竞技武术散打中未借鉴明清武学典籍中的部分技术以及部分技术话语,运用战术同样是套用西方国家的拳击与自由搏击,中国传统武术中的"左右周旋""惊上取下""奇正相生"均未在散打擂台术语中出现。现阶段的竞技武术运动员不必扎根民间,学习传统武术套路和吸收素材往往是通过彼此学习或根据录像学习。传承武术和传承文化相同,历史与文化的双重制约与双重影响同样是必不可少的,但现阶段的竞技武术套路与散打已经脱离这种文化的制约。

新中国成立后,竞技武术积极借鉴西方体育模式逐步发展成为一系列的训练手段与竞赛体制,和传统武术的门户不存在联系,并非是一家一派,而是一种新生的技术流派,和传统武术之间的联系被切断。分析日本的对抗项目可以发现,其具备简洁的识别标志,无须仔细辨析就可以分出是空手道或相扑,这种现象是日本文化加以改造与处理的结果。然而,中国的散打则比较粗糙,未能把中国武术文化充分彰显出来。大相扑在上海的表演引起了很大轰动,根本原因是大相扑在借助相扑来彰显与传播一种文化,倘若舍弃文化的衬托与渲染,则相扑仅凭借台上的相互推搡是无法成功吸引众人的,这个方面值得我们注意与借鉴。中国散打第一次与美国职业拳击对打时,中国选手运用的腿法是跆拳道教练训练的,未立足于武术特色文化的视角加以探索。在世界范围内推广中国武术应当具备传统文化含量,但我国的竞技武术套路与散打均没有达到该项要求,或者说未进行深入挖掘,只是停留于表面。

二、文化全球化背景下竞技武术与传统武术的冲突

(一)文化背景和价值取向的冲突

从诞生那天起,竞技武术就被打上了西方兵操体育的烙印,竞技武术重点发展的方向是规范化、标准化以及"高、难、美、新"。20世纪60年代到80年代,竞技武术是中国体育文化与西方体育文化相互交融后形成的最完美产物。从20世纪90年代至今,竞技武术的发展方向出现了一些偏离,"体操化"与"舞蹈化"在武术界引起了猛烈批评。武术并非是极为暴力的搏斗厮打,不是街头"斗殴""械斗",也不是战场上的格杀。武术是技术化了的"打",有的流派讲究实用,接近实战,可以为军事上的格斗服务;有的则讲求技巧,成为一种自娱、健身、修身手段,仍以攻防为依托;有的流派有较强的艺术性,属于民间艺人传承,注重表演性和观赏性,演绎到今天的竞技套路武术。二者侧重不同的价值功能特点,恰恰体现了武术的庞杂、多元、多样性。以弱胜强,以小打大,体现了武术的理想性;以武防身,"止戈为武",打"对练",玩"推手",操"单套"等充分表现了武术的东方伦理文化特性。既然武术被纳入竞技体育范畴,则发展趋势一定会表现出竞技体育的特殊性质。可以肯定的是,武术发展的整体方向是正确的,但竞技武术从20世纪80年代末开始出现了许多问题,逐步在朝着竞技娱乐化和表演化的方向发展,关于武术发展的批判与争议在不断增加。竞技武术的发展对武术实现规范化、市场化以及国际化有十分突出的作用,但坚决不可以逃避技术方面产生的问题,武术在大刀阔斧地实施竞技化时必然会出现多方面的问题,批评、质疑、否定乃至谴责等各类声音会不定时响起,但这至少反映了广大群众对武术发展状况的关注。

(二)运动特征和发展方向的冲突

竞技武术未精确定位与规范武术的"难度",而是利用体育、

第六章　传统武术竞技化发展的策略

舞蹈、杂技的"难度"完成改造工作,这就使得武术原本的难度随之消失。武术本身的难度体现为劲力与神韵两个方面,而这两个方面可以被参与武术训练的专家甄别出来,但为保证竞赛公平彻底,舍弃武术原本的内涵与特征是不可取的,这方面问题应当引起相关人士的研究和分析。

针对"攻防含义"的理解,竞技武术的动作素材一定要符合武术的定义,但日常生活对武术的定义和对动作素材存在模糊性特点,未能清晰确定武术动作的特征和要求,所以造成许多看似存在"攻防含义"的体操、舞蹈甚至"街舞"的动作都被生硬地搬到了武术套路中。

就评价手段与衡量标准来说,量化规则在很大程度上推动着竞技武术向标准化、体操化、舞蹈化的方向发展,竞技武术的技击性正在慢慢被淡化。竞技武术比赛规则的参照依据是西方体操的规则,发展方向能够归纳成"高、难、美、新",没有将武术套路中的"攻防意识"摆在重要位置,特别是现阶段出现的"指定动作",虽然在某种程度上可以降低和杜绝暗箱操作,但代价是舍弃武术套路的独特魅力,其最终效果明显是事倍功半的。例如,现代散打文化归属方面的质疑已经存在了很长时间,传统武术与现代散打在训练目标、训练方法、对抗方式等方面都存在显著差异,坚决抵制只借用一个标准完成评判或置于一个平台加以衡量。就现阶段来说,竞技武术套路在发展趋势与演练水平等许多层面都受到了质疑和指责,只有把传统武术与传统文化当成立足点来选择形式多样的素材进行创新,构建武术整合的崭新模式,才称得上是高度重视文化。竞技武术是中国传统武术体育化进程中的必然产物,经过长时间的发展,过去包含在中华武术中的套路与散打被划分成训练体系、技术手段、竞赛机制都截然不同的项目,我们应当对这种现象进行深层次分析。由于竞技武术是一项在我国发展时间较长的现代竞技体育项目,竞技武术得以发展的基础是现代竞技体育项目,当今社会的我们应当高度重视和深入探究彰显武术技击特征的有效手段。倘若在运动员演练过程中没有反映出武术的技击手段,没有对武术的基本规格提出详细要求,则坚决不可以称之为武术,也是丰富套路内容的一大遗憾。

三、文化全球化背景下竞技武术与传统武术的共生

(一)妥善处理武术全球化与本土化的关系

处在文化全球化背景下,任何民族的文化均难免会受到冲击。本土文化不但是民族情感的重要载体,而且能够直接彰显民族特点,具备很大的民族凝聚力。武术是中国传统体育文化中具有代表性的一个组成部分,也是其他国家认识和理解中国体育文化的关键性载体。为了更好地适应西方主流体育文化提出的具体要求,中华武术被迫对自身进行多方位的调整,被迫参照奥林匹克模式来改造民族传统体育文化,这必然会对武术产生很大的负面作用,还会使民族传统体育文化的弱势地位更加显著,但频繁重申本土文化会导致封闭性,本土文化在某种程度上会限制武术的发展和创新,只有在维持本土文化的前提下,积极汲取包括奥林匹克在内的西方体育文化精髓,方可有效推动中华武术朝着国际化发展的进程。武术的国际化问题和本土化问题是全球化发展过程中客观存在的矛盾,是催生竞技武术和传统武术出现冲突的一项重要因素。

就现阶段来说,竞技武术已经开展了套路、散打以及推手等多个项目,但竞技武术是无法代表中国武术所有内容的。尽管竞技武术已经产生区别于其他事物的竞赛体制,且领先进军世界竞技体育,但竞技武术从根本上说是源于传统武术,竞技武术离开传统武术将无从谈起。分析文化全球化的进程可以得出,倘若竞技武术表现出极好的发展态势,则中华武术将不得不正视被西方体育取代的困境。因为传统武术和竞技武术在主导理念、训练模式、主要宗旨三方面存在很大差异,所以,不可以使用相同的衡量标准,更不可以把传统武术直接纳入竞技武术的竞赛体系。此前对传统武术的竞技化造成现阶段的一系列困难,如对螳螂拳、翻

第六章 传统武术竞技化发展的策略

子拳、通臂拳等拳种的竞技化"创新",尽管某种程度上迎合了竞赛表演的要求,但劲力和技法方面却脱离了真正的传统武术。

长期以来对传统武术的认识存在一定程度的偏差,倾向于按照西方体育和竞技武术的标准对传统武术进行所谓的"改革"或"创新",未能深入研究传统武术拳派的发展规律和劲力特点,以竞技的金牌来评判传统武术的水平优劣。一部分运动员仅仅演练某些传统拳术套路,并没有悉心研究本拳术的桩法、劲力和格斗,包括一整套理论,珍贵的拳谱和秘籍被视如敝屣,传统武术被简单化、庸俗化,仅存空洞的套路。传统武术如同置身于西方文化围城之中,面临西方武技的冲击和竞技武术套路、散打的挤压,举步维艰,逐渐被忽略、遗忘、冷落,这不得不引起我们的反思与警觉。

由此可见,现阶段的传统武术必须彻底去除自身的虚无主义风气,立足于所有方面完成技术还原。一方面,要还原传统武术技击艺术的本质。传统武术是可以打的,传统武术是打出来,但当前很难看到真正意义上的传统武术。尽管传统武术已经经历了体育化包装,但从根本上说依旧是一种技击之术。当前传统武术的技术异化问题十分严重,定位传统武术的首要要素和次要要素是运动价值和技击价值,使之和格斗的距离变远,实战性不足,在指导思想和价值取向两方面的偏离问题都急需解决。另一方面,要把传统武术的传承问题摆在关键位置,认真分析并深入理解传统武术在巅峰时期流传的经典典籍,在青少年群体中大范围推广传统武术,向传统武术发展提供一个良好的发展环境。

(二)坚持不懈地创新和发展中华武术

在全球化背景下,西方体育垄断是世界体育的整体趋势。我国各项体育项目纷纷模仿西方体育,民族传统项目中的武术则被很多人遗忘。在当前全球化的背景下,西方文化的主导地位十分明显,从某种程度上看,文化全球化的本质就是西方文化全球化。受奥林匹克为代表的西方体育主流文化的影响,中国传统武术的发展速度表现得较为缓慢乃至落伍,面对西方体育竞赛规则出现了多个方面的不适应。跆拳道、空手道、剑道等国外体育项目因其所具有的鲜明民族性、健身性、观赏性、简易性等特征被我国众多青少年追捧,成为"时尚"运动项目,这种现象令中国武术汗颜不已。与其憧憬武术进入奥运会的梦想和面对竞技武术曲高和寡的艰难处境,不如花大力气研究、提炼、包装和推广传统武术,否则,博大精深的传统武术在当代体育文化舞台中只能是配角。在发展和创新中华武术时应当做到全方位和多层次,主动发挥创新思维和创新型运动模式的作用,积极学习和吸收空手道和跆拳道的思想、技术、运作、推广、市场等运作模式,从而妥善解决中国武术的生存发展问题,紧跟时代发展的节奏,尽早达到在全球范围内推广和传播中华武术的目标。

(三)坚持"和而不同"的武术文化发展战略

在文化全球化的时代背景下,西方强势文化猛烈冲击着传统文化,中华民族传统文化应当持有主动态度来应对各项问题,在人类历史中留下深深的烙印,要妥善处理我国体育和西方体育产生的分歧,坚持遵循"和而不同"的策略,有效扩大武术的发展空间。我们应当自觉为民族传统文化的安全提供保障,对"文化侵略"现象进行有效应对,对民族传统文化的魅力和发展趋势树立信心,凭借高度的文化自信心态来面对各类情况,牢牢把握机会,借助良好的文化心态和宽广胸襟来应对各项挑战,这也反映了中华民族文化的精神气度。中国武术是继承民族传统文化和弘扬民族精神的关键性载体,在维护民族文化安全方面发挥着举足轻重的作用,不只是现阶段武术面临的核心历史使命,还是文化全球化背景下产生的历史机遇。竞技武术与传统武术的对抗冲突仅是一个过程,我们要深入分析其背后深层次的原因,不断反思、研究其冲突和差异,在交融和碰撞中发展进取。在新形势下,必须坚持竞技武术和传统武术协调统一发展原则,才能加快中国武术向全球宣传和推广的步伐,才能推动中国武术事业的大发展、大繁荣,只有这样才能使中国武术重新焕发生机与活力。

第二节 我国传统武术竞技化发展的现实状况

武术作为中国传统体育项目中的一个组成部分,其竞技化已经有数十年的发展时间,在数十年的发展过程中产生了竞技武术和传统武术,当前以西方竞技模式发展的竞技武术套路被人们理解为"武术体操"。面对这种情况,很多专家和学者相继提出武术应当回归传统的观点。中国传统武术在之前的数十年一直停留在竞技体育的边缘地带。21世纪初期,在大力呼吁弘扬中华民族优秀传统文化精神的背景下,传统武术作为优秀传统文化的一朵奇葩被推上了风口浪尖。传统武术是传统体育项目的一个组成部分,所以,应当密切关注传统武术的竞技化发展情况。通常情况下,传统武术竞技化的常见反映是功法、套路以及搏斗。

一、竞技与竞技化

竞是指比赛和争逐;竞技在这里指比赛,即特定技术和特定技能的竞争;化是指事物在形态方面或者性质方面的变化,进而引申成教行迁善的意义,化还有变化的意思,即能寻求到开端但无法看到终止的时间过程;竞技化是指借助竞赛形式推动技术和技能朝着更好、更高的方向发展的过程,竞技化不仅是一种体育属性,还是一种传统武术属性。由此可知,传统武术竞技化就是传统武术借助竞赛形式朝着更好、更高的方向发展的过程。

有竞技就必然存在训练,训练的目的是获得更加理想的竞技成果。分析体育的竞技过程可以发现,利用竞技对训练发展产生激励作用,促使训练水平持续提升,才能使运动员的技术水平获得质的飞跃。竞技效果会随着技术水平的提升而变得更加显著。竞技是推动技术发展不可或缺的方式,也是技术交流的关键性方式,竞技场的作用是为技术交流提供场所。分析现代体育运动的发展历程可以发现,竞技对体育项目的发展有很大的推动作用,竞赛和比赛活动能够使体育运动水平得到大幅度提升,能够大幅度拓展群众性体育运动的普及范围。竞技性是传统武术的一项基本属性。传统武术是众多体育运动中的一种,其必然存在竞技性。竞技(比赛)是传统武术技术和传统武术文化的交流平台,是传统武术技术和传统武术文化的一种传播渠道。在传统武术竞技化过程中,应当借助训练来推动技术,借助技术来推动竞技,借助竞技来推动传统武术的发展进程。

二、传统武术的竞技化历程

(一)传统武术竞技的萌芽与低沉

竞争是竞技的核心理念。古希腊史诗《伊利亚特》将人的理想表述为"永远争第一,争取超过别人"。中国先秦古籍亦有类似记载,如《晏子春秋》:"凡有血气者,皆有争心。"《淮南子·道应》:"争者,人之所本也。"这些论述表明华夏先民对竞争观念的崇尚。在此观念影响下,武术竞技意识开始萌芽。《礼记·王制》载:"凡执技论力,适四方,赢股肱,决射御。"表明当时已有徒手对抗形式的比赛。《左传》载:"晋侯梦与楚子搏,楚子伏已,而盬其脑。"晋侯在梦中与对手搏斗,并得到胜利的满足,反映两两相搏,在当时较为习见。《春秋》还记载了一个更为典型的例证:僖公二十八年,鲁国公子季友俘莒拿,却提出要与莒拿徒手搏斗,一决雌雄。以上史料表明,远在先秦时代,武术竞技已显雏形,但毋庸置疑的是,此阶段的武术竞技尚未发展成为完善的武术竞技运动。如《庄子·说剑》记载:"庶人之剑,曼胡之缨,短后之衣,瞋目而语难。相击于前,上斩颈领,下决肝肺。"庄子视此"无异于鸡斗"。由此可以看出,那个时期的斗剑较技还是一种相对野蛮的活动,还没有形成体育属性。武术竞技把战胜对手当成目标,本质上就是没有脱离实战的真实打斗,还没有形成竞技运动应当彰显的文化精神,仅仅属于一种竞技运动发展初期的形状。

武术竞技作为社会文化现象中的一种,一定会深受历史文化

第六章　传统武术竞技化发展的策略

传统的多重影响。虽然武术竞技在先秦时期处于花蕾待放的状态,但后来的绽放成我国古代武术竞技运动之花的过程并不顺利。中国文化中的儒家思想和道家思想与武术竞技提倡的竞争理念存在很多方面的出入。具体来说,儒家主张等级伦理,反对公平竞争;崇尚中庸之道,排斥社会竞争;讲究孝道,珍爱身体,反对激烈对抗。这几方面的观念对武术竞技可持续发展有很大的束缚作用。道家学说的核心是"无为而无不为,不争而莫能与之争"。"无为""虚无"思想是对竞争观念的根本否定。在儒家思想和道家思想的影响下,先秦武术竞技提倡的阳刚之气表现出逐步泯灭的趋势。武场较艺逐步演变成崇尚品质、不崇尚力量、点到为止的做法,套路演练或功力展示逐步取代了直接对抗的比武方式,某些情况下还会借助点穴实现不争而胜的目标。除此之外,兵家的谋略思想同样对武术竞技演进有负面作用。受兵家思想的作用,武术激发逐步出现出奇正相间、变化多样的现象,为打败对手会采用很多狠招和毒手,这种做法严重违背了竞技运动倡导的公平竞争。

(二)传统武术竞技的启蒙与探索

近代是产生真正意义竞技体育的时间。发展到近代,随市场经济出现的竞争观念已经演变成在社会中占据主导地位的价值观念。斯宾塞运用生物进化的规律来解释社会现象,创立了"社会达尔文主义",提出"竞争、毁灭和适者生存也是人类社会发展的基本原理,弱者威胁着进步的通路,理应毁灭,强者因其优越而生存下来"。该学说为资本主义初级阶段的发展提供了理论依据。需要说明的是,兴起近代体育的时间和大范围盛行达尔文主义的时间基本同步,出现这种现象的很大原因是竞技体育提出的公平竞争精神符合市场经济所需的精神内涵。对于那个阶段的人来说,竞技体育是相对理想的公平竞争手段,参与竞技比赛和观看竞技比赛对培养人们的公平竞争精神有很大的积极作用。

我国思想启蒙家严复在他的译著《天演论》中,系统介绍了达尔文与斯宾塞的学说,明确指出进化的实质就是竞争。进化论的传播唤醒了节节惨败、昏睡百年的东方古国,喊出了"体育救国"的口号。在此情形下,有人提出:"欲振兴国术,非实现不怕死之精神不可,欲实现不怕死之精神,非积极提倡比试不可。凡物之能斗者,皆有不怕死之精神。"张之江指出:"若提倡国术而不使之竞技化,则此种单纯之演习,既乏攻守之经验,无裨自卫之实用。"强国强种和救亡图存的民族观念向有效开展武术竞技注入了主观动力,同时,在列强入侵、西方竞技体育传入中国的背景下,传统武术在西方竞技体育的对比下显得劣性无数,这从客观层面推进了传统武术的竞技化发展,也向我国传统武术的探索提供了参照对象。

1923年,在上海举办的"中华全国武术运动会",改变了武术传统庙会献技与擂台打擂的竞赛方式,对武术竞技的探索具有十分重要的意义。在此阶段,武术竞技化的又一明显标志是它被列为全国及一些地区综合性运动会的比赛项目。值得一提的是,1936年第11届奥运会期间,中国武术表演团远征柏林,迈出了走进奥林匹克竞技殿堂的步伐;近代武术竞技的探索还表现在对竞赛规则的制定与改进上。1924年举行的旧中国第3届全运会,首次将武术套路列为表演项目,并制定了按手、眼、身、法、步五项技法进行评分的简单规则。中央国术馆举行的两次国术国考制定了按点数取胜的散手竞赛规则,但在时间上没有限制,造成一场比赛有的竟长达一小时以上,当时的报纸评为"国术场成了斗牛场"。国术考试是在遵循特定规则的基础上完成各类对抗比赛的,尽管其开创了近代武术对抗赛的先河,但因为国术考试没有依照体重分级,没有决赛前几名,所以,只可以将其视为对近代竞技体育做出的尝试。1933年顺利举行的旧中国第五届全运会在此基础上获得了进一步发展,开始贯彻依照体重分级、各项级别分别录取名次的崭新规则,为武术对抗比赛的大体模式打下了稳固基础。后来举行的第十八届华北运动会与第六届全运会在武术套路比赛的分项方面与评分标准方面均有所发展。可以肯定的是,受社会历史条件的制约,武术竞技的近代探索存在侧重于散打与器械竞技的片面性,同时,竞赛规则在多个方面都存在问题,传统武术形成已久的门户之见问题也被暴露出来。在战争摧残和传统武术依附政府的双重影响下,出现了近代武术竞技夭折的情况,但近代武术竞技的自觉探索精神对后来的武术竞技产生了深刻影响。

(三)传统武术竞技的发展与高涨

新中国的成立为传统武术竞技化发展注入了很强的生命力。1953年,天津成功举办首次全国民族形式体育表演及竞赛大会,武术是一项重要表演内容,这是武术竞技迈入现代体育竞赛领域的第一步。朱德同志观看表演后指出:"要重视祖国几千年的传统。"1954年,国家体委竞技指导科武术运动队成功组建。1956年,12省市武术表演赛在北京顺利开展,这项武术表演赛全面参照了五条四十字的评分标准,评判运动员技术水平的方式是打分法。1957年,武术被原国家体委纳入正式比赛项目,对武术竞技化发展产生了很大的积极作用。1958年,中国武术协会组织相关人员在参照西方竞技体操评分手段的基础上,起草了首部《武术竞赛规则》,正式实施的时间是1959年,这标志着源于传统武术、在近代萌动最终夭折的竞技武术正式诞生。

为积极顺应武术运动新形势且促使运动技术水平大幅度提升,原国家体委组织有关专家,在查拳、华拳、炮拳、洪拳和花拳等拳种的基础上,创编了长拳类系列套路。与此同时,还将新编长拳类器械的技术标准设定为基础要求,长拳类自选拳械的标准与规定也由此产生。在此之后,还推进了太极拳与南拳的规范化进程,慢慢产生了以长拳、太极拳、南拳为主体的武术竞赛体系。至此,产生于传统武术竞技化历程的现代竞技武术正式踏上独立发展的道路,同时,在很短时间内取得十分理想的发展成果。

率先发展竞技武术的决策造成传统武术竞技化进程的推进速度比较慢,其中"十年动乱"对传统武术的发展进程产生了极深的负面作用。1979年,原国家体委发出了《关于发掘整理武术遗产的通知》,同年5月,首次全国武术观摩交流大会在南宁顺利举行,传统武术再次焕发出崭新的发展态势。在"武术热"逐步兴起的时代背景下,民族传统武术竞赛出现在广大群众的视野中,同时,慢慢发展成为具有代表性的全国赛事。自20世纪80年代开始,先后规范了很多单项拳种、顺利颁布竞赛套路,在此基础上举办了单项拳种比赛,由此演变成传统武术竞技化发展的一项新趋势。2000年,少林拳率先被列入正式比赛项目,由此开创了传统武术单项拳种比赛的先河。在传统武术竞技越来越高涨的时代背景下,长期以来都处于武术概念外缘地带的武术功法运动登上竞技舞台。1999年,"国际传统武术暨绝技大赛"在台州举办,举办传统武术竞赛的形式出现了新突破。2004年,国家体育总局武术运动管理中心在大范围征集武术功力比赛项目和竞赛规则的前提下,先后两次组织相关专家论证56种功力比赛赛项以及竞赛规则,第一届全国武术功力大赛的项目被正式确定,《武术功力竞赛规则》也随之产生。第一届和第二届全国武术功力大赛的顺利举办,使得多年以来游离在武术概念外的武术功法的神秘面纱被揭开,传统武术功法运动也由此登上武术竞技舞台。被一些人称之为"东方奥林匹克"的"世界传统武术节"于2004年在郑州成功举办,"世界传统武术节"的顺利举办拉近了其和世界竞技体坛的距离,为传统武术的发展搭建了崭新的舞台。

三、传统武术竞技化的实际情况分析

(一)竞赛形式仍以观摩赛、邀请赛、交流赛为主

为对传统武术实施深入挖掘、全面整理、有效发展,近些年来国家体育总局武术协会、各地方政府以及武术协会先后举行了很多类型不同的武术比赛,主要宗旨是更加有效地发展、挖掘、传承先辈们代代相传下来的武术技术。因为我国武术运动存在庞杂特性,所以,传统武术竞赛模式自始至终都在积极探索,各类竞赛

的具体名称是传统武术竞赛模式积极探索的充分反映,如全国武术观摩交流大会、北京"国际八卦掌联谊会"、山西"国际形意拳交流比赛大会"等。传统武术竞赛丰富多彩且形式多样,把传统武术百花争艳的特征表现得淋漓尽致。

(二)竞赛规则仍处于探索、摸索阶段

竞赛规则不仅能为比赛提供保障,还能对运动技术发展发挥导向作用,也能对运动技术水平发挥衡量作用。截至目前,传统武术竞赛依旧在沿用2003年之前的竞技武术套路竞赛规则,具体是指近些年举行的全国传统武术竞赛和世界传统武术节等赛事依旧在使用竞技武术套路的竞赛规则。然而,在传统武术竞赛逐步发展的过程中,其迫切需要形成自身的竞赛规则,当前,已经有相关机构、专家、学者深入研究传统武术竞赛规则,而"功力大赛"作为传统武术项目中的一种,已经形成了相对完善的竞赛规则。传统武术的套路和搏斗的竞赛规则还需要进一步优化、创新、发展。

综合分析近些年举行的单拳种传统武术竞赛、全国性传统武术竞赛以及国际性传统武术竞赛可知,这些传统武术竞赛从表面来看正在慢慢朝着竞技方向转变,同时,竞技化程度看似也在不断提高,但这些传统武术竞赛的模式、手段、规则等多个方面依旧没能形成定式。为了让传统武术竞赛和竞技武术竞赛有所区别,传统武术竞赛的模式、手段、竞赛规则等多个方面依旧处于论证的探索期,因而传统武术的竞技化同样处于探索期。

(三)传统武术竞赛项目的创新举措

传统武术竞赛形式在近几年发生了很多变化,很多崭新的竞赛项目相继产生。在国家体育总局武术管理中心的科学策划下,全国性武术竞赛以及国际性武术竞赛的形式更加多元化,功力与对抗比赛随之产生。全国武术功力大赛已经顺利举办了三届,规定竞赛、自选表演赛以及特邀汇赛是其主要类型。具体来说,规定竞赛包括"单掌断砖""石锁上拳""长杆较力""流星打靶""桩上徒搏"五项;自选表演赛分为克服阻力、击打能力、灵敏能力、其他能力共四组;特邀汇演包括各种武术绝技。从整体来分析,大赛拥有极为显著的竞技性,存在独立的竞赛规则。除此之外,第二届世界传统武术节上透露,传统武术竞赛正在为制定独立的竞赛规则做各方面的准备,这就使得传统武术竞赛难以结合竞技武术规则来具体实施。

尽管传统武术的搏斗运动还没有开展全国性比赛,但民间已经有人为此做各方面的尝试。2004年5月,由武塞网发起的第三次MMA(综合格斗)交流活动在精图博艺俱乐部举行,比赛项目都是对搏,有双节棍、剑术、拳术,有传统拳对战传统拳,也有传统拳对战现代拳击,还有中国拳师对战法国高手。这次聚会成功聚集了很多武术前辈,很多前辈指出传统武术应当形成区别于其他运动的对抗方式,传统武术应当尽可能保持对抗性,在对抗过程中实现进一步发展与复兴,在"打"的过程中脱离困境。

第三节 传统武术竞技化发展的科学探索

一、传统武术竞技化发展的策略

(一)准确定位,受众分明

就中国武术的发展历程来说,太极拳的大范围传播给竞技武术套路的推广和发展提供了很多经验。追溯太极拳的发展历程可以发现,太极拳从初始阶段就重点抓把上层社会人群和收入相对丰厚人群当成主要受众的传播方式,采取这种传播方式体现了明确的发展眼光和弥足珍贵的市场意识。

自新中国成立以来,崭新的社会主义事业建设向太极拳服务于广大群众提供了坚实的现实基础以及广阔的历史舞台;把服务社会主义建设事业当成指导,明确定位成积极服务人民,使得太极拳发展再次走上发展巅峰。太极拳爱好者成功覆盖社会各个阶层,同时,在生活中的很多角落都可以找到太极拳练习者的身影。在国际传播持续发展的背景下,处于世界各个地区的人们越来越清晰地感受着太极拳的体育文化魅力,越来越多的人喜欢上了这项中国民族传统体育运动。竞技武术套路是一项新兴的竞技运动,主要宗旨是推动中国武术传播到世界各地。但受专、精、尖、高四项特征的影响,使其无法在短时间内被广大群众接受。竞技武术套路要想被世界各国的人民接受并在世界各地普及,准确定位发挥着基础性作用。现阶段的竞技武术套路段位制还需要进一步优化和充实。

(二)确保文化属性的首位性

(1)武术是一种文化,所以,武术的传播与发展均应当在保证其文化属性的基础上进行。将中国竞技武术当成一种文化来传播与推广,需要完成的工作应当是系统的,坚决不可以只凭借几项武术动作来完成,文化基础不足的武术动作传播,只会让人们对武术的总体认识被破坏。

(2)宣传竞技武术文化应当目标定位成宣传和推广竞技武术文化,在宣传竞技武术文化的过程中,如果可以保证文化宣传效果和经济效益则更好,但经济效益不可以始终在文化传播中占据主导地位。

(三)批判地继承传统武术文化

要辩证地对待传统武术文化,不可全盘照端,也不可一棍子打死,对于积极的内容要发扬光大,对于消极的内容要坚决摒弃。对于某些和时代紧密相连的内容要灵活把握,例如武德中带有封建意味的部分内容,既不能因循守旧再受封建遗毒的迫害,也不能全盘西化把优秀的民族传统都丢掉,作为武术之灵魂,民族性是重点保护对象,越是民族的越是世界的,只有保住了民族性特点,竞技武术的对外传播才会变得具有意义和价值。

(四)加强政府支持度,推广完善武术项目

就现阶段的传统武术来说,当务之急是探究采取哪些方式可以增强中国武术运动员的体能训练和基本功训练,如何激发和鼓舞我国武术运动员走向奥运的信心。从2001年北京成功申办奥运会以后,国家体育总局武术管理中心就开始自觉为武术进奥做各方面准备,主管部门也在积极增强监督管理职能。国家体育总局武术管理中心在竞技武术套路人才培养过程中发挥了十分显著的统筹作用、指导检查作用以及监督作用,后来,国家体育总局武术管理中心科学规划了2001—2010年期间武术的发展进程,在武术竞技领域的发展方面提出了清晰而肯定的目标。明确提出北京奥运会武术立项的计划和任务,并顺利地在2008年北京奥运会武术表演赛中成功地表演,并取得了良好的效果。但当前的管理模式中还深深地烙着计划经济时代的"管""办"结合的特征,不能充分发挥全国范围内运动项目的监督和管理职能。因此,主管部门应当转变职能,逐步向只"管"不"办"的方向改革和发展,主管部门应专门致力于武术项目的管理工作,逐渐推广并完善武术项目。2009年的全运会是全国武术项目比赛中最大赛事的推广和宣传机会。在以后的武术发展过程中,应当借助全国及各省、市运动会推广奥运武术项目。作为第十一届全运会唯一的非奥项目,武术错过了2008年北京奥运会的最佳入奥时机,针对未来武术将何去何从,国家体育总局武术运动管理中心负责人表示,武术发展势头良好,最早有可能进入2020年奥运会。他认为武术一定会进入奥运会,这个时间会在2020年或2024年奥运会,目前,亚洲的所有综合性大赛都已设置了武术比赛,武术"进入亚洲"的任务已完成,当前"走向世界"的任务依旧在持续推进。

武术项目的人才培养与人才训练是推进武术项目发展的重要基础。当前的武术运动员往往来自业余体校、专业队以及国家队运动员。各省市武馆中心的训练先后培养了很多高水平的运动员,所以,需要采取多种方式来争取省体委与教育局的支持力度,积极增设武术比赛,正确引导基层人员高质量地完成训练比赛工作。及时完成高水平运动员的评定工作并及时颁发运动员证书,为学生个体的良好发展做充足准备,激励每位参与者认真参与训练,争取获得更大进步。与此同时,还需要努力获得家长的支持与肯定,奠定后备人才的储备基础,为国家选拔发展潜力大的武术运动员清除各类障碍。优化以现阶段专业运动队为龙头,以业余体校为重点,以武术馆校为基础的训练体系,促使业余体校、专业运动队、国家集训队三级训练形成网络,进一步优化国家集训队的选拔工作与管理工作,从而发展成多种形式、多条渠道、多个层次的培养高素质运动员的一条龙训练手段。发现和培养优秀运动员必须要有优秀教练员。

(五)狠抓基础,吸取传统特色,技术突破创新

竞技武术套路运动属于技能主导类难美性表演评分项目,它采用健美操中的切块评分的方法决定运动员的名次,分演练水平、动作质量和难度创新三个部分。要想在当今武台"白热化"的竞争中,在从20世纪50年代就强调"高、难、美、新"中有所突破,必须在狠抓基础,保证动作质量准确、完美的同时,传承奥运会的"更高、更快、更强"的精神,不断突破技术创新,创新是一个团队的灵魂,没有创新,就没有发展,吸取优秀传统武术特点,增加现有套路中的创意、动作组合的新颖性、独创性。在演练水平中达到风格突出、沉稳大气、形神兼备,动作过程细腻、精确,达到一气呵成。除此之外,还要求运动员积极借鉴传统特色,充分彰显竞技武术套路的特色,对竞技武术套路的发展产生更大的推动力。

(六)完善竞技武术套路理论,彰显东方文化内涵

所有技能要想发展都一定要以特定的武术理论作为支撑,技能没有理论支撑则会变成无本之木。分析跆拳道的发展历程可以得出,其逐步形成了独立的技击内涵,在技击中融入了跆拳道

的礼仪和规矩,使参与者在锻炼过程中掌握各项礼仪,借助具体内涵来对广大爱好者产生吸引力。竞技武术套路发展至今,理论同样应当反映在其中,拥有一整套系统性理论是尤为关键的,只有教练员充分掌握了特定的理论知识,方可在训练过程中达到内容有依据的要求,从而正确指导技能、丰富理论,彰显武术独特的内涵,借助理论来科学指导实践,从而使训练过程中存在的问题得到妥善解决。对于竞技武术套路的对外宣传过程来说,不只是一种锻炼身体的技能传播,还是对民族特色文化的推广。很多人指出武术是我国的"国宝",还指出武术具备极为深厚的文化内涵,但武术文化的内涵反映在特定理论讲解以及武术表演中,理论是中国武术被世界人民肯定和喜爱的重要保障。在表演比赛中,应当适度增加讲解技法、讲解表演项目特征的内容。在教学过程中把每一招每一式用法、作用讲明白,让武术学习者理解所学技能所包含的技法及用法,在学习中体会武术中包含的"天人合一"、强调"自然"、注重"和谐"、追求"统一"的东方体育特色,如此才能充分调动学习者学习的主动性,对更多武术爱好者产生吸引力,促使武术爱好者全面掌握武术的本质内涵,对东方文化形成更加深刻的认识。

(七)发展竞技武术套路产业化,完善自身造血功能

产业化为竞技武术套路的持续发展提供了稳固的物质基础以及切实有效的物质保障。综合分析世界各国特色项目被纳入奥运会的过程可以发现,走产业化道路是必由之路,韩国跆拳道和日本空手道都是在产业化过程中慢慢发展起来的,产业化道路使得这两个运动项目实现了良好的自养效果和对外宣传效果。

立足于竞技武术套路发展战略的视角展开分析,加快竞技武术套路的产业化进程对竞技武术套路实现科学化、规范化、全球化等都有显著的积极作用,为中华武术进军奥运会、走向世界打下了相对稳固的基础。竞技武术套路产业化的发展已经经历了数十年的发展历程,这些年经历了从无到有、从计划到市场、从国

内到国际的发展过程,同时,获得了较好的发展成效。为了加快竞技武术产业化进程,国家武术运动管理中心从20世纪90年代开始,借鉴篮球、足球等项目的市场化经验,在职业化、市场化改革方面取得了一定的成果,为武术在市场经济新形势的发展中指明了道路。在总结改革体育产业化经验的基础上,国家武术运动管理中心大胆改革,以散打为突破口,简化了竞赛的规则,提高了比赛的观赏性,吸引了越来越多的人参与。在2000年3月推出的武术散打比赛中每场收视率都很高,观众达到2 100万人,在2001年的运营阶段已经达到了3 600万人。2002年在国内,据统计有187家以上的报纸、杂志对中国的武术散打比赛进行了实时跟踪报道。搜狐、新浪、中体网、雅虎等19家知名网络媒体及时地报道了赛事情况。62家国内外电视台进行了直播或转播,覆盖了6.3亿人口,这为我国武术运动的大范围宣传贡献了很大的力量。由此可见,我国应当充分挖掘和发挥武术产业化这个平台的作用,采取多种方式加速竞技武术套路的发展速度,在发展自身的同时,推进竞技武术套路的产业化进程。

(八)组织竞技武术套路赛事,加强传播力度

竞技武术套路必须要经过传播这个环节,传播能够为竞技武术套路注入强大的生命力。就传播来说,拳道可以充当竞技武术套路传播的榜样,跆拳道运动是从20世纪60年代初期着手制定世界推广计划,仅用几十年就成功推广到世界各个地区,被人们称之为"世界第一搏击"。分析跆拳道、空手道、柔道进军奥运会的过程可以发现,传播发挥了极为重要的作用。对于任何一种体育赛事来说,奥运会都是传播效果最为显著的传播方式,竞技武术套路同样如此。奥运会是世界范围内规模最大的体育盛会,武术被列为奥运会项目能够加快武术国际化的速度,可以促使武术用更短时间达到预期的推广效果和普及效果。因此,竞技武术套路为加大其宣传推广,进入奥运会首先应从奥运会的要求出发,改革自己适应奥运会的规则,另外,为了世界不同观众的口味,应

提高其观赏性、标准性和易评判性。

除借助奥运会宣传自身以外,还应当积极组织针对单个群体的世界武术比赛,同时,逐步发展成各类国际性运动的比赛项目。比赛作为竞技武术套路的重要表现形式,积极组织各种形式的比赛能够加深人们对武术的认识,由此吸引更多人参与武术运动,由此发挥宣传作用和促进传统武术发展的作用。例如,全国运动会和各省市运动会都能够加大武术国际传播的效果。不得不提的是,2002年第一届世界杯散打比赛的宗旨就是为了配合申奥,这项新增的国际赛事取得了较好的效果。这不但对武术运动发挥了良好的宣传效果,而且增进了同行间的交流。组织竞技武术套路武术表演大大提高了武术的知名度。对于国际传播的方式与方法来说,应当尽可能增强竞技武术套路技术的输出。竞技武术套路是在传统武术基础上加以改革和创新的,有计划地组织综合素质高的教练参与竞技武术套路技术的输出工作,促使中国武术植根于世界其他国家,要尽可能缩短将竞技武术套路技术顺利输出的时间,严禁持有保留的态度来输出技术,原因在于只有其他国家的竞技武术套路得到了良好发展,这些国家才会积极支持武术进奥。

在技术推广的过程中,应当大力推行简单技术,同时,充分结合中国武术段位制。简单易学是跆拳道和空手道能够快速普及到世界各国的一项重要原因。由于竞技武术套路技术难度大,所以,其更适合专业运动员演练,但广大群众学习竞技武术套路的主要目的则是健身,所以,广大群众掌握完整竞技武术套路的难度比较大,因而有必要选取那些和大众演练目的相适应的技术,遵循从简单到困难的顺序,促使练习者树立自信心尤为关键,推动练习者深入认识竞技武术套路,从而有针对性地参与武术锻炼。

(九)完善裁判规则及手段,培养裁判后备人才

竞技武术套路自1959年制定了较为全面、科学、系统的《武

术竞赛规则》以来,为积极适应竞技武术套路赛事的各项需求,先后经历了七次规模较大的修订。在竞技武术套路进军奥运会的过程中,应当严格遵循奥运会的评分"量化"原则。因为武术项目存在特殊性且评分相对复杂,所以,不只是要竞技优化武术比赛中的竞赛原则,还要积极培养一大批综合素质高的裁判员,原因在于裁判员是比赛场上的指挥者且具备最高权威。

因此,对裁判员的要求应当极为严格,应当积极优化裁判员的考试制度与选派制度,这是激励裁判员提升业务素质的有效方式,有助于在赛场上更好地反映公平、公正以及合理。裁判员队伍的年龄段应当具备较好的比例,不只是要配备经验丰富的老裁判员,还要积极培育中青年国家级裁判员和中青年国际级裁判员,从而构建年龄结构合理、外语过关、可以胜任国际大赛裁判工作的裁判员队伍。由此可知,国家体育总局武术管理中心应引导各省、市及基层做好技术示范,训练规范,多组织训练观摩课,开展裁判员岗位培训班,尤其做好国家一级裁判员的培训工作,为我国的国家级、国际级裁判员做好人才储备。为体现评分的公平、公正,应当采用现在其他项目普遍采用的电子评分系统。在运动员技术水平持续提升、科技日益先进的当下,为紧跟时代步伐,竞技武术套路评分应当积极采取高科技技术,自觉采用电子评分系统,从而为比赛的公平和公正提供保障。

(十)以市场为手段,促进竞技武术套路职业化

发展武术职业赛事不但是在积极顺应体育产业化的发展走向,而且是达到"以武养武"目标的关键环节。武术职业赛事提出,赛事应当把群众当成中心,采取多种方式来增加赛事的观赏性,从而使观众观赏竞技武术套路的心理需求得到满足。当前的武术赛事往往是在追求"高、难、美、新"的竞技武术套路的过程中提升观赏性,但降低了武术赛事的实用性、技击性以及创新性。但武术散打比赛区开展情况良好的原因,不只是实用性和实战性

强,武术散打比赛的职业化运作和组织的市场化同样发挥了很大作用。由此可见,应当把武术散打当成试点,目的明确、条理分明地推进武术散打职业俱乐部的建设工作,使得武术散打职业化得到有效推进。在竞技武术套路市场化的发展过程中,曾经尝试过国家招标方式、拉赞助承办武术比赛的方式、通过服装冠名等手段获得赞助经费的方式,赞助商在赞助过程中都获得了良好的广告宣传效果。武术器械、服装、用品进入多个厂家竞争的形势,以武术优秀运动员做商品的交换市场正在悄然形成,结合经济方式操作的武术无形资产和企业有形资产的交换市场也被竞技武术套路作为选择市场的切入点,武术市场化运作向武术职业赛奠定了较为坚实的物质基础,武术市场化运作加快了武术传播速度,使得人们休闲需求和娱乐生活需求得到了满足,达到了"以武养武"的效果。除此之外,还推动了专业武术队向武术职业队的转变进程,加快了武术职业队的形成进程,官办民助的计划经济体制被打破,武术职业赛体制成功构建,武术职业赛被真正推向市场。

社会是经济、文化、政治等相互联系和作用的有机体,经济对其他几个方面有基础性意义。经济为人的均衡发展提供了必要的物质条件,同时,人的均衡发展也一定要有经济的进步和发展做保障;物质文明是人类生存和发展的物质条件与物质基础,是精神文明得以产生与发展的物质基础,而精神文明是物质文明与社会进步的重要支撑和推动力量。物质文明与精神文明之间相互推动、相互影响、辩证统一的关系共同推动着社会进步。武术是社会发展到特定阶段的产物,是人类物质文明与精神文明的结晶,社会进步与经济发展对武术的发展进程产生了很大的作用。武术套路进入市场经济一定会对竞技武术套路的发展产生促进作用,向竞技武术套路的发展提供必需的物质支持。和美国NBA和中国CBA相同,都积极走市场化道路来完善自身的"造血功能",真正意义上踏入职业化道路,同时,获得世界各国人民的肯定与欢迎。

第六章　传统武术竞技化发展的策略

(十一)开展体现竞技武术套路本质特色的运动会

武术运动会作为一种赛事,不仅能弘扬民族优秀传统文化,还能增加民族自信心与凝聚力,也能立足于全局展示武术运动的整体面貌。竞技武术套路是武术进军奥运会的窗口,武术运动会应当把着眼点设定为丰富国际体坛项目的种类,尽全力促使武术运动会发展成彰显武术本质特色、体现武术运动整体面貌、和西方奥林匹克运动会特征相媲美的赛事。中华武术发展历史悠久,已经有数千年的历史。1986年,武术挖掘整理领导小组初步查明流传至今的"源流有序,拳理明晰,风格独特,自成体系"的拳种就有129种。在短时间内把这些拳种都推向奥运会显然是不可行的,因而国家武术管理中心在2001年北京奥运会申办成功时就自觉听取多方建议,设立了奥运武术项目,换句话说就是准奥运武术赛制。在2008年奥运会和2009年全运会都实行了奥运武术赛制所确定的项目,并取得了良好的效果,其观赏性和实战性都得到了充分的展示,这就迫使我们必须从中发展可行的运动项目进入奥运,从而带动其他拳种向奥运迈进。因此,按照"推陈出新"的原则,竞赛活动的内容应当由以下几方面组成:

(1)进行多种根据拳种与技能特征分类的比赛。中华武术的拳种十分繁多,过去的运动会往往是选择优秀拳种同台竞艺,竞技武术套路则应当自觉学习传统武术举行的"全国太极拳比赛"、"少数民族传统武术运动会"等,根据拳种来组织适宜的比赛,在相同拳种中彰显拳种特色。

(2)研究和探索崭新的竞技武术套路竞赛项目,没有创新则发展将无从谈起,竞技武术套路竞赛项目不可以仅仅在"高、难、美、新"四个方面下功夫,不可以只存在一种模式,所以要借助研制出的崭新竞技项目来增加吸引力,促使传统武术发展得更好。

(3)继续通过国际武联、各洲武联、各国武协组织进行竞技武术套路交流和竞赛活动,各洲际武联、武协担负着武术的宣传、推广重任,建立专门的竞技武术套路培训基地或在开放综合培训基地中开设竞技武术套路课,在组织和开发竞技武术套路交流和竞赛活动的基础上,不断加速"武术运动会"的国际化,并完善武术运动会的教练员、裁判员等赛前服务的相关一系列工作。

(十二)正确看待中国武术与奥运会的关系

1.进入奥运会不是中国竞技武术发展的终极目标

首先要明白的是,进入奥运会不是中国竞技武术对外传播和发展的终极目标,进入奥运会只不过是为了利用奥运会的影响更为快捷地推广中国武术,中国竞技武术对外传播的最终目的是发展中国武术,中国竞技武术发展的终极目标是通过武术把中国的优秀传统文化发扬光大,这是中国竞技武术通过进入奥运会抑或通过其他途径来对外传播时必须明确的一点。

2.进入奥运会不是宣传和推广中国武术的唯一途径

进军奥运会不是宣传与推广中国武术的唯一途径。尽管相扑和泰拳没有想要进军奥运会的行动,但依旧表现出了良好的发展态势。中国武术除了进军奥运会这条途径外,还可以采取很多种推广形式,进入奥运会是一项可遇不可求的事情,如果牢牢抓握时机可以在保证不走样的基础上成为奥运会项目则更好,如果不能的话,则可以积极探索更加有效的途径,从而尽早把传统武术运动推广到世界各个国家。任何一种只是为了特定传统手段而"削足适履"的做法都会让中国武术的发展道路变得更加狭窄。

3.理性面对竞技武术国际传播背后的文化差异

在崭新的发展阶段和现代化的大背景下,竞技套路是继承和发展中国武术精华以及关键内容的一项重要形式。然而,竞技套路的普及工作并非是短时间内可以完成的事情,武术在世界范围的传播还深受东西方文化差异的限制,所以,文化背景不同、基础不同的运动员很难在短时间内同时迈入当前的国际竞赛套路的

第六章　传统武术竞技化发展的策略

阶段,同时,国际竞赛不应当只着眼于几个特定套路,最切实可行的方法是编排不同难度、不同长度的套路,配合不同规则。这样做不仅能使存在基础差异的人们都有所成长,减小世界各地人们接受竞技武术的难度,还能有效调动人们参与竞技武术的积极性,加快中国竞技武术在世界各国的传播速度,保障武术运动的中国特色不会在传播过程中流失。面对文化差异问题,应当持有理性态度来找出两全之策,严禁简单地对竞技武术"一简了之"。

二、传统武术竞技化发展的展望

传统武术的两项显著魅力是:种类多样、异彩纷呈。为了使拳种的风格特色得以维持,对深入交流与广泛传播发挥促进作用,规范技术体系是一项必要措施。文化内涵丰富、技击特征显著、对人类健康发挥积极影响的技术动作必然会得到肯定、继承、发扬。为更好地适应人们生活方式的转变,简单、易学、推广便利、满足当代人健身需求和娱乐需求的套路将相继出现在人们的视野中。传统武术的现代化发展是把竞技化当成核心内容、结合西方竞技运动的范式来实施的,西化模式使得传统武术的现代化转型进程加快,但同时束缚了传统武术的现代化发展,对武术文化的全方位传承产生了一定的负面作用。

在传统武术基础上诞生的竞技套路和竞技散打,主要沿着西方体操和拳击的模式进行竞技化改良和发展,然而在北京承办2008年奥运会这一千载难逢的机遇中,竞技套路和竞技散打都未能如愿成为北京奥运会的正式竞赛项目的事实表明,单方面模仿乃至削足适履的西化做法,并非是实现武术奥运梦想的捷径。传统武术竞技化一定要尽全力打破西化模式的束缚,积极探究本土化模式,构建出多元模式共存的竞技化发展格局,从而促使传统武术朝着更好的方向发展。

第七章 传统武术发展的人才培养策略

对于传统武术的发展和传承,人才是其中一个非常重要的关键因素,同时,也是一支不可忽略的力量。只有高度重视传统武术人才的培养,组建高水平的武术人才队伍,完善人才培养体系,才能为传统武术的可持续发展提供重要保障。本章主要就传统武术发展的人才培养策略进行研究,主要内容包括我国传统武术人才培养的现状与问题、我国传统武术人才资源的开发以及我国传统武术人才培养的相关策略。

第一节 我国传统武术人才培养的现状与问题

目前,在培养传统武术人才方面,我国已经采取了一些措施,并获得了一定的效果,但也难以避免依然存在一些问题。本节重点就我国传统武术人才培养的现状和问题进行研究。

一、运动员现状

(一)运动员生源现状

事实上,对传统武术人才的培养就是对与传统武术相关的人员进行培养,尤其是培养传统武术后备人才,而在一定程度上,传统武术后备人才的培养主要取决于后备人才的生源质量和数量,这对我国传统武术的可持续发展产生了较大的影响。根据相关调查可知,我国传统武术人才的培养途径多种多样,不同的培养途径,其生源在质量和数量方面也存在较大的区别,具体如下:

第七章 传统武术发展的人才培养策略

1. 不同培养单位的生源

将体委作为核心的传统武术人才培养体系,由于市级以上的体校在传统武术教学的开展方面,其任务主要是进行专业的训练,从进入到学校开始,运动员便进行专业训练,所以,入学门槛比较高一些,需要运动员在入学之前就要具备一定的武术基础。在传统武术人才各个培训单位方面,除了省体校具有比较好的生源之外,其他各级单位在生源方面,其情况都不是很乐观,大都在选材方面存在生源比较少、选择范围小、受到很多因素的制约、运动员专业素养比较低等问题。

2. 不同武术方向的生源

武术方向同运动员的生源同样存在一定的关联,这些年来,在数量方面,散打方向运动员的生源都是比较平稳的,并且呈现出不断增加的趋势,而套路方向的运动员在数量方面明显减少,在竞技武术方向上业余体校的生源更是少之又少。

3. 武术馆校的生源情况

相对来说,作为武术人才培养的一个重要系统,武术馆校的生源在数量上呈不断增加的趋势。传统武术后备人才的整个生源系统中,武术馆校的生源几乎占据了一半以上。然而,虽然武术馆校生源数量多,但在级别和质量方面都是比较低的。

武术教学在武术馆校中的开展,大都是为了更好地促使武术运动得到普及,让学生在学习到相关传统武术文化知识的同时,也能够接受相应的武术训练,以达到学习和训练相结合。如果学生身体素质好、武术天赋高,也要对其进行专门的武术训练,并交由专业的教练进行指导,以此作为基础来组建专业的馆校武术队,以获得更多参与武术比赛的机会。武术馆校还会从专业武术队中选拔优秀的武术人才,将其输送到更高级别的专业队中。

(二)运动员年龄、训练年限情况

在不同的武术方向方面,运动员的年龄和训练年限往往会表现出不同的特点。下面就以武术套路以及散手方向的运动员的年龄以及训练年限为例进行分析。

1. 武术套路方向运动员的年龄与训练年限情况

新的规则在武术运动中实施之后,武术套路便获得了新的发展趋势,即"高、难、美、新",与此同时,武术套路运动员的年龄也呈现出了新的趋势。根据有关调查发现,级别不同的运动员,他们在年龄和训练年限方面存在一定的区别,具体如下:

第一,在我国大多数地区,10~18岁的运动员是县、市级体育院校的武术教练选择运动员的年龄集中区域。县级体育院校的武术运动员主要来自当地的中小学,这些运动员的共同特点是运动基础差,训练水平低。

第二,市级以上的体育院校武术运动员主要是由当地县体育学校或武术馆校的专业武术队输送的,他们的年龄都普遍偏大一些,有着良好的专业基础,并接受了较长时间的专业训练。这部分运动员在进入高级别的体育院校后,短时间内便可参与系统的武术训练,在训练中不断提升自己的武术专业技能,为进入更高层次的武术队打下良好基础。

第三,在武术馆校中,武术套路运动员在年龄方面都是普遍偏小的,大都是中小学年龄,他们的运动基础比较差,训练水平也普遍偏低,在馆校中文化知识和武术知识的学习都是同时进行的。在经过几年学习之后,一些潜力比较差的学生会进入到正规学校进行专业知识学习,那些具有较大潜力的学生则会继续在学校中进行专业武术训练,为能够进入到高级别的专业队做好准备。

2.武术散手方向运动员年龄、训练年限情况

无论是武术馆校的散手运动员,还是县级体育院校的散手运动员,从整体年龄来看,他们都要比套路运动员大一些,这主要是由散手运动所具有的特点所决定的。散手运动员的训练年限要比套路运动员少,他们从中学阶段才开始进行训练。有些散手运动员以前是套路运动员,后来才转到散手方向学习散手运动。

(三)运动员学习与训练的调节现状

1.运动员在训练与学习中的问题

为了获得比较理想的文化课成绩,就必须要保证有充足的时间充实文化课学习。因为促进武术运动员专项成绩的提高是业余体育的主要目标,所以,在对武术人才进行培养方面,对于运动员的文化课学习不是很重视。一个普遍现象就是,很多体校的运动员在文化成绩方面都要比普通学生的成绩差一些。在学习文化知识方面,他们往往面临以下问题:

(1)具有较低的文化基础水平,对文化知识的学习没有太多兴趣。

(2)文化学习环境比较差,师资水平也是比较低的。

(3)大多数时间都在训练,文化学习的时间不够充足,同普通学生相比,他们的文化学习时间非常少。

(4)训练对精力的消耗,使得运动员对文化课学习难以保持充沛的精力。

2.运动员对文化学习与武术训练关系的认知

在对武术训练和文化学习的认识方面,业余体育院校运动员的认识见表7-1。

表 7-1　业余体校运动员对训练与学习关系的认知（$N=42$）①

	训练有助于学习	训练阻碍学习	训练和学习无关
人数	6	22	14
占比	14.3%	52.4%	33.3%

根据上表得出的相关调查数据可知，在武术训练与文化学习之间关系的认识方面，有一半多的学生一直认为参与训练会对文化学习造成影响，在他们看来，训练很容易造成体力的大量消耗，并且占用很多的时间，这就使得文化知识的学习没有多余的时间和充足的精力来保证；认为训练和学习没有影响的学生所占的比例也是比较大的，而认为训练对文化学习有帮助的学生却非常少。

3.运动员对训练时间与学习时间的分配情况

在训练时间和学习时间分配情况方面，业余体校运动员的具体情况，见表 7-2。

表 7-2　业余体校运动员训练时间与学习时间分配情况（$N=42$）②

	平衡解决	放弃学习	训练为主，兼顾学习
人数	13	11	18
占比	30.9%	26.2%	42.9%

在对运动员的训练时间与学习时间分配情况的相关调查中发现，能够做好将学习和训练并重，使学习和训练能够平衡解决的学生占到 30.9%，大多数学生都是以训练为主，甚至还有一部分学生完全放弃了对文化知识的学习。从这些数据中可以发现，业余体校的运动员对武术训练有极大的兴趣，但对文化学习却没有兴趣，无法正确处理学训关系的运动员占到绝大多数。

---

①② 刘闯.安徽省竞技武术后备人才培养现状调查分析[D].广西师范大学，2007.

(四)运动员参赛现状

在武术比赛的参与方面,我国传统武术后备人才的具体情况,见表 7-3。

表 7-3 运动员参加武术比赛的基本情况($N=132$)[①]

	未参加武术比赛	武术馆校间的比赛	市级武术比赛	省级武术比赛	国家级武术比赛
人数	31	26	46	34	0

根据上表所获得的调查数据可知,参与国家级武术比赛的武术后备人才是没有的,而省级武术比赛也基本上都是由少数体育院校的运动员和武术馆校的武术代表队参加,在武术馆校中,绝大多数的运动员都没有参加任何省级以上的武术比赛。运动员参加的赛事少,也就不能进行良好的锻炼与磨炼,实战经验也不丰富,这会影响其长远的发展。

二、教练员现状

教练员是传统武术训练最直接的组织者和管理人员,将运动员培养成专业突出以及全面发展的人才是他们的主要任务。教练员完成训练任务的情况主要受到其年龄、来源、工作态度、职称等的影响。下面主要就这几方面来对教练员现状进行分析。

(一)教练员来源及性别现状

1. 教练员来源现状

对于教练员的来源,一般来说,我国传统武术中主要有三个途径,退役的专业运动员经过体育院校学习毕业;体育院校的毕业学生;退役运动员。

---

① 刘闯.安徽省竞技武术后备人才培养现状调查分析[D].广西师范大学,2007.

第一种是退役的专业运动员,并在相关体育院校中进行学习之后顺利毕业,这一类教练员无论是武术训练还是实战方面都具有非常丰富的经验,并且掌握着熟练且扎实的基础理论和专业理论知识,他们是传统武术最佳的教练来源。

第二种是毕业于体育院校的武术专业的学生,这一类教练员在理论知识掌握方面都是比较丰富的,并且具有较高的文化素质,但缺乏实践经验和训练经验,因此并不是最佳的教练员来源。

第三种是运动员,虽然在运动经历和经验方面比较丰富,但他们缺乏良好的理论基础及文化素质,在对运动员进行理论培训时难以发挥出相应的作用。

2. 教练员性别现状

无论是来源于哪种途径的武术教练员,都有一个普遍的现象,这主要从性别方面体现出来,即男教练员要比女教练员更多一些,虽然教练员的性别并不会对武术训练产生影响,但体校运动员本身就存在着性别严重失衡的情况,如果教练员在性别方面具有明显的差异,那么对训练效果也会产生一定程度的影响。所以,体校或武术馆校在对武术教练进行招聘时,要考虑到性别这一因素,使性别比例与本校的实际情况相符合。

(二)教练员年龄现状

在年龄方面,我国业余武术教练员的现状调查,见表7-4。

表7-4 业余武术教练员年龄情况($N=26$)[①]

年龄(岁)	人数	占比(%)
<30	11	42.3
30—40	10	38.5
40—50	3	11.5
>50	2	7.7

① 刘闯.安徽省竞技武术后备人才培养现状调查分析[D].广西师范大学,2007.

第七章　传统武术发展的人才培养策略

通过上述相关数据可知,在这些参与调查的 26 名教练员中,年龄在 30 岁以下的教练员有 11 人,占到调查总人数的一半左右,年龄在 30—40 岁的有 10 人,同样占有较大的比例,处在 40—50 岁之间的有 3 人,大于 50 岁的有 2 人,占有的比例都比较小。整体来看,绝大多数教练员的年龄小于 40 岁,有 21 名。与其他体育项目的教练员年龄结构相比,武术教练的年龄结构显得不太合理。这主要是由以下两方面的原因造成的:

第一,竞技武术的快速发展以及变得越来越激烈,教练员所面临的工作压力越来越大,而且工作任务也比较繁重,工作强度比较大,正是在这种工作特点和工作性质的情况下,武术教练这一职位更加适合年轻的教练员来负责担任。

第二,我国优秀武术运动员目前来看年龄呈小龄化趋势,越来越年轻,馆校毕业生以及退役运动员的年龄都是比较小的,进入到各个不同级别的武术馆校和武术队来担任教练员,这也使得武术教练员呈现比较鲜明的年轻化特征。相对来讲,在武术馆校中,大多数教练员的年纪都要比各级武术专业队的教练员的年纪要小一些。相对来说,武术馆校中大部分教练员的年纪要比各级武术专业队中教练员的年纪小,大都小于 30 岁,这部分教练员大都是武术馆校的毕业生,一毕业就任教的情况很普遍,所以年纪较小。

(三)教练员职称现状

根据相关调查可知,在我国业余体校中,武术教练员的职称的具体情况,见表 7-5。

表 7-5　业余体校武术教练员的职称情况($N=26$)[①]

职称	人数	比例(%)
无职称	16	61.6
初级	6	23.1

[①] 刘闯.安徽省竞技武术后备人才培养现状调查分析[D].广西师范大学,2007.

续表

职称	人数	比例(%)
中级	3	11.5
高级	1	3.8
国家级	0	0

根据表中数据可知,在我国业余武术教练员中,未能获得职称的教练员占有很大比例,而具备中级和高级职称的教练员却少之又少,具备国家级职称的更是无从谈起。这也能够反映出在我国业余教练员职称结构方面存在不合理现象,并且整体的职称水平都是偏低的,所以,构建科学合理的武术教练员职称结构体系十分必要。

现在我国业余武术教练员职称水平较低的影响因素主要表现在以下几个方面:

首先,武术馆校的教练员是重点调查对象,这一部分教练员具有比较大的流动性,并且不够稳定,因此,各地在教练员职称系列中未将这部分教练员的职称评定纳入其中,这就导致这部分教练员大部分都没有任何职称。

其次,在业余体校中,运动队的比赛成绩同人才输送都会对教练员的职称评定产生直接影响,而武术比赛成绩具有一定的偶然性,对运动员的输送在名额方面都是有限制的,这就对教练员的职称评定造成了比较严重的影响。

最后,我国武术教练员的平均年龄偏低,工作时间有限,这也在一定程度上对职称评定造成了影响。

(四)教练员工作态度现状

在培养传统武术人才方面,教练员为了将自身的价值以及潜能充分发挥出来,除了要具备必要的运动训练知识、专业的武术知识和专业技能之外,还要具备高度的责任心和工作态度。教练员是否能够取得良好的培养与训练效果,直接受自身工作态度的

第七章　传统武术发展的人才培养策略

影响。但根据调查可知，无论是在武术馆校，还是在业余体校中，我国很多武术教练员在工作态度方面都存在一些问题，并没有表现出比较高的工作热情，这直接制约了他们业务能力的发挥，也直接导致了训练以及培养效果难以得到有效提高。传统武术教练员工作态度不认真是由多方面的因素造成的，具体分析如下：

首先，对于影响工作态度方面的因素，武术馆校教练员将工作不稳定作为首要影响因素。由于武术馆校并不是公办的，武术教练员没有编制，这就使得教练员具有比较大的流动性，失业率也是比较高的，这难免会造成教练员出现一些消极的情绪，最终对工作态度造成不良的影响。

其次，业余体校武术教练员认为，学校的生源质量无法得到保证，在人才的培养和输送方面面临很大的困难，也感受到了很大的压力，从而对工作态度造成了一定的影响。

再次，因为武术项目还未成为奥运会正式比赛项目，所以，领导对这一项目并不重视，教练员的工作待遇等实际效益也受到了影响，这就导致其无法全身心地投入其中。

最后，社会地位普遍较低，武术教练员在人才培养和输送方面，即使获得一定的成绩，也很难获得应得的奖励，因此就影响了其工作的积极性。

三、选材现状

科学的运动员选材是进行传统武术人才培养的首要步骤，培养效果会受到选材效率的关键性影响，这要求我们要充分重视运动员选材。科学选材就是指通过对现代科学理论、方法和手段的运用，来对人体的某些数据和指标进行客观测定，并以测定结果为依据来对其未来的竞技能力进行预测。

根据对我国部分教练员的相关调查发现，在武术人才选材方面，无论是业余体校还是武术馆校的教练员，他们大都没有对这一工作开展的重要性形成明确的认识，对于选材在整个人才培养中所占据的位置和重要性没有形成足够的认识，并且在具体的选材实践中面临着很多方面的问题,如缺乏选材设施、选材环境差、不科学的选材、落后的选材手段等。

通过对武术教练员的选材依据进行调查后发现(表7-6),整体上教练员的选材依据与方法存在不合理的现象。业余体校的武术教练员在选材过程中,主要依据以下两个标准进行:

第一是个人经验,以经验作为基础来开展指标测量,换句话说,在选材的实际操作中,经验往往要比指标测量占据着更大的比重。这种选材依据的不合理之处就在于对主观判断过多依赖,导致选材存在片面性、盲目性,而且容易出现失误,对武术后备人才的培养较为不利。

第二,根据武术比赛成绩以及项目特征来进行选材。在这一选材中,不测试和评价运动员的相关指标,这就造成了所选择出来的后备人才起点普遍偏低,基础比较差,严重制约了武术人才专业技能的不断提高。

表7-6 教练员选材依据基本现状($N=26$)[1]

选材依据	选择人数	比例(%)
经验为主,指标测试为辅	11	42.31
以运动员成绩为依据	7	26.92
以经验为依据,主观判断	3	11.54
指标测试为主,经验为辅	3	11.54
传统武术的项目特征	2	7.69

在武术馆校中,选材是不存在的。这主要是因为武术馆校属于民办性质,其开办学校的目的就是为了实现盈利,对于生源质量并没有严格的要求。一般来说,武术馆校在办学过程中常常会根据经验来发掘具有较好天赋的运动员,对其进行专业训练,并进一步输送到更高级别的运动队。

总的来说,在选材方面,我国传统武术人才不理想的原因主

---

[1] 刘闯.安徽省竞技武术后备人才培养现状调查分析[D].广西师范大学,2007.

要包括以下两个方面：

一方面，学校武术教练员没有形成更良好的选材意识，缺乏科学、先进的方法和理论。

另一方面，选材的设备和仪器都不是很完备，这就造成了很难采用科学的检测指标来对运动员的能力进行综合分析。

四、训练现状

（一）训练计划现状

在培养武术人才的过程中，首要环节就是要进行科学选材，运动员进行有效的训练是其关键环节。对于训练效果来说，科学的训练计划以及先进的训练手段是其中两个非常重要的影响因素。在传统武术运动中，只有对运动员进行长期系统的科学训练，才有可能使其在赛场上取得优异的成绩。因此，在长期的训练过程中，训练计划的合理制订是非常必要的，能够为训练时间活动提供科学的规划和指导。武术训练的连续性、科学性及高效性等都需要合理的训练计划作保障。

武术训练计划就是根据预定的目的来对未来的训练活动进行模式化设计，所以，制订和实施训练计划会对训练目标的实现、训练过程的系统性以及训练质量的提高产生直接影响。通过对我国部分业余武术教练员的训练计划进行调查后发现（表 7-7），在武术人才的训练过程中，大部分教练员没有对周及课时训练计划进行科学的制订，而武术馆校的教练员中大都只制订了学期训练计划，没有制订系统训练计划的占到大多数。在业余体校中，能够制订出全部训练计划的武术教练员不到一半。因此，从整体上来说，我国武术教练员能够系统制订各类训练计划的非常少。

这表明，系统性在我国传统武术人才的培养过程中是明显缺乏的，大多数教练员在培养武术人才过程中存在着急功近利的思想，这样的训练是不科学的，即使能取得短期的训练效益，但对长远训练目标的实现是不利的。为了追求更好的目标和获得长远效益,武术教练员要合理、科学地制订和完善各类训练计划,并在具体实践和训练过程中,对训练计划进行严格实施,促使自身的执训能力和业余素质得以不断提高。

表7-7 业余武术教练员训练计划制订情况(N=26)①

各类计划	武术馆校教练员选择人数	业余体校武术教练员选择人数
无训练计划	4	0
课训练计划	6	10
周训练计划	6	8
月训练计划	3	8
学期训练计划	12	3
长年训练计划	0	4

(二)训练方法现状

训练计划是对未来训练活动的一种预期,其与实际的训练过程或多或少都会有不吻合的部分,因此,为了更好地保证进行科学的训练,就需要采取一些有效、合理的训练方法和手段。武术教练员在具体的训练过程中,为了顺利达成训练目标,完成相应的训练任务,所采用的一切途径和手段,就是训练方法。训练方法是否合理、是否科学,会对训练任务的完成、运动员的专项技能以及运动成绩的提高产生直接影响。所以,在决定训练成败的因素中训练方法非常关键,甚至是起决定性影响的一个因素。

根据相关调查可知,在培养武术人才的过程中,我国武术教练员并未采用具有较高科学性的训练方法。在训练中,武术馆校的教练员采用的训练方法更是不科学,因为这部分教练员的体育理论知识有限,训练思想落后,"师傅带徒弟,徒弟带徒孙"是他们一直沿袭的一套训练方法,完全以经验为主,因此,这样的训练方法是不规范、不系统且不科学的。有很多武术馆校教练员在训练

---

① 刘闯.安徽省竞技武术后备人才培养现状调查分析[D].广西师范大学,2007.

中并没有遵循科学的训练原则,如在对同一年级的学生进行训练时,对于不同素质的学生所安排的训练强度和训练量都是相同的,并且所采用的训练手段也是比较单一的,这就对训练效果的提高以及合理实施训练计划产生影响。

此外,在我国多数的武术馆校中,武术训练整体状况也不容乐观,主要表现在教学内容繁多,落后、单一的教学方法,轻视理论学习,过于重视技术训练,没有上过武术理论课的学生占有很大的比例,甚至对于传统武术的概念及其基本知识很多学生都不是很理解,这对武术馆校的人才培养质量的提高造成了严重制约。

五、我国传统武术人才培养中存在的问题分析

通过对我国传统武术人才培养的基本现状进行调查和分析之后发现,我国现阶段在武术运动员培养的过程中还存在很多的问题,这些问题对人才培养效率、运动员专项运动水平与运动成绩的提高产生直接制约。因此,了解问题的存在并有针对性地解决问题,是保障科学建设人才培养体系的关键,下面重点对我国武术人才培养中存在的几个主要问题进行分析。

(一)生源总体较为缺乏

1. 业余体校生源少

在市场经济的影响下,在人才培养方面,业余体校并未能获得良好的效益,这就造成了优秀运动员在成才率方面比较低,而且在毕业之后学生面临着就业难的问题,学校对于学生的工作也不负责。因此,如果不是武术天赋特别好,或文化成绩特别差,大部分家长都反对孩子在体校学习与训练,所以,体校就难以招收到武术基础好的人才,人才流失现象严重,这对体校的招生造成了直接的影响。另外,计划生育政策在我国实施之后,很多家庭都只有一个孩子,对于孩子的成长和成才,家长都是非常重视的,

不敢冒险将孩子送到体校,担心未来就业无法得到保障。

2.武术馆校生源相对较好

武术馆校,作为一个民办类型的组织,它是造成我国业余体校武术生源缺乏的另外一个间接性的影响因素。武术馆校具有民办性质,它在开展武术教学的同时,也传授相应的文化知识,并实施全日制的文化课教育。教学中的软硬件设施与正规中学的办学条件不断接近,学生在中考或高考中和普通中学的学生享受的待遇是同等的,而且武术馆校中也有很多学生通过高考进入了正规的高校。武术馆校的门槛比较低,同公办的正规学校相比,其入学条件都是比较低的,并且体校中学生面临的高淘汰率、学历层次低等压力也是武术馆校中的学生所不需要面对的。因此,与业余体校相比而言,武术馆校的生源比较好。

此外,我国的武术馆校中,基本上都实施寄宿制,这对于常年需要在外工作的家长来说,将孩子送到体校,一方面能够使孩子的生活问题得到有效保障,解决了孩子的教育问题,同时,还能让孩子学习武术,强健身体,因此很多家长愿意将孩子送到具有良好教学条件以及完善管理制度的武术馆校。从这一方面来看,武术馆校在招生时也比业余体校有一定的优势。

(二)学训矛盾突出

在武术人才培养中,我国业余体校普遍存在着学习和训练相互矛盾的问题。造成这一矛盾存在的原因有很多,主要有以下几种:

1.领导不重视运动员的文化学习

在武术人才的培养过程中,业余体校主要的目标是获得更好的比赛成绩。再加上各相关部门对业余体校实行行政监督,因此,体校领导为了更快地创造成绩,就在日常教学中以武术训练为主,直接忽视了文化学习,将时间更多地分配给了训练,文化学习的时间很少或者几乎没有安排。

另外,同普通高校相比,在文化课教学师资、教学水平、教学管理等方面,很多业余体校都处在落后的状态,也因为教学条件的限制而难以取得良好的学习效果,这就导致体校运动员文化知识较为缺乏。

2.学生难以兼顾学习与训练

业余体校中,一些学生由于具有良好的运动天赋与基础能力,所以被家长送来接受专业训练,而有些学生是因为文化成绩太差,家长才将其送到体校。文化成绩差的学生将自己的时间都安排在了武术训练上,不愿意学习文化知识,这就使学训矛盾进一步加剧。武术馆校在学生学习与训练的时间分配上采取"早操—文化课学习(上午)—武术训练(下午)—晚自习"的方式,并在文化教学中配备了专门的教师,因此,学习与训练结合得也比较好,学生基本上可以兼顾文化学习与武术训练。但武术馆校毕竟是以营利为目的的,不配备文化课教师的武术馆校也有少部分,这就导致学生的文化学习得不到保障,学训矛盾问题日益突出。

(三)教练员整体水平低,缺乏科学训练

1.教练员文化水平有限,影响训练的科学性

从整体上来说,在科研、理论以及训练方面,我国武术教练员的水平都是普遍偏低的。在我国武术馆校和业余体校中,一部分武术教练员身处一线,担负着重要的训练任务,他们大都来自武术专业队,在运动员时期并没有接受过系统的理论知识学习,在退役之后,为了获得证书、获得学历,就通过一些政策渠道来达到目的,事实上并没有对理论知识进行真正的学习和掌握,其所具有的科研水平和文化水平同其学习并不相符合。这部分教练员运动技术水平较高,一定程度上能够促进运动员训练水平的提

高,但因为教练员缺乏综合知识,所以对现代化的科学训练(科学选材、制订训练计划、训练高科技化、训练信息化、体能训练、心理训练、疲劳恢复等)很难掌握与实施,在对运动员进行训练的过程中,基本上还是按照经验与习惯来训练,这样就导致了训练效果难以提高。在武术馆校中,教练员的这种情况更是普遍,一些教练员基本上都是从本馆校毕业之后所留下来的学生,他们的学历水平比较低,理论知识学习也非常有限,所掌握的教学和训练的新方法和技巧也非常少,在具体的教学中也只是对动作技能进行机械式传授,训练科学性也是比较低的,这对传统武术人才的培养造成了不利的影响。

2. 教练员的岗位培训与继续教育难以保证

我国大多数业余武术教练员缺乏岗位培训,这也是导致其整体水平低的主要因素之一。在训练和培养武术后备人才的过程中,教练员是否接受过正规的岗位培养,是否接受过继续教育等都会直接影响训练的科学性以及培养有效性的提高。现代科学技术不断发展,知识与信息更新速度越来越快,如果教练员不注重继续学习与重新培训,就难以掌握先进的训练方法,从而影响训练的科学性。然而,在培训方面,武术教练员现阶段所面临的主要问题是:一方面,一些教练员逐渐认识到接受岗位培训的必要性和重要性,要继续学习,但缺少相应的机会,相关体育部门并没有给这些教练员提供相应的学习和培训的机会;另一方面,很多教练员由于待遇比较低、工作又不稳定,并且具有较大的流动性,所以对于继续学习并没有进行考虑。

另外,在培养武术后备人才的过程中,我国业余体校大都面临着培养资金不足、科研、医务人才缺乏、管理系统不完善等问题,正是这些问题的普遍存在造成了武术人才训练的科学性无法得到充分的保障。

(四)竞赛少且存在弊端

在我国武术人才培养过程中,竞赛问题也是一个突出的制约因素,这主要表现在两个方面:一是武术竞赛少,二是比赛存在弊端。

1. 武术竞赛少

现阶段,我国各地组织的青少年武术赛事较少,就拿安徽省来说,省级武术赛事只有青少年武术锦标赛和省运会中的武术比赛(四年一次),市武术比赛和县武术比赛就更少了,只有一些地区根据本地的实际条件对一些武术赛事进行了举办,大部分地区都没有举办任何形式与规模的武术比赛。学校之间的武术赛事,不管是对抗赛还是邀请赛,都很少。

2. 武术竞赛中的弊端

除了数量上比较少之外,我国武术赛事在赛事举办的过程汇总上也存在一些比较明显的弊端。青少年武术赛事的举办,过于对金牌意识进行强调,造成了青少年武术赛事无法成为选拔人才的良好平台,反而成为有关单位获得利益的机会。在市场经济下,成绩会影响各种利益,体校也是如此。武术队的比赛成绩会直接影响学校培养武术人才的经费,影响武术教练的奖金福利,因此,各校十分重视比赛成绩,重视对金牌的争夺。在金牌意识的严重影响下,一些地方领导和一些体校的武术教练员为了更好地引进优秀运动员不惜花费众多的资金,这对比赛的公平性产生了一定的影响。此外,拉雇佣军、冒名顶替、以大打小、青少年运动员服用违禁药物等现象也层出不穷,这样的赛事不仅不利于对优秀武术人才的选拔,还会对青少年武术运动员的身心健康造成不良的影响。

虽然相关体育部门已经对以上问题给予了更多的重视,并积极制定和颁发了一些相关的政策和条例,但没有得到良好的实施与贯彻,武术比赛依然会出现以上这些问题,并且变得越来越严重。

(五)管理体制不健全

现阶段,对民办武术馆校的管理,虽然相关体育部门已经进行了加强,并制定和实施了一些有利的政策,还对武术馆校的办学进行了积极的引导和全面管理。但是,还有一些省市没有对本地区的武术学校进行有利的行政管理,不了解本地武术馆校的基本情况,上通下达的管理通道还未建立,这样有关部门的作用就得不到应有的发挥,从而无法对武术人才的培养进行全面的监督与管理。

我国武术运动管理机制的建立尚且处于起步阶段,距离健全和成熟还有很远的距离,而且与武术运动其他方面的发展相比,制度建设相对滞后。可以说,对武术馆校的管理,我国尚处在自发松散的状态。另外,在管理人员素质方面,我国武术馆校管理人员也是比较低的,文化水平非常有限,并没有接受过系统、正规的武术学习和训练的管理人员,在管理过程中大都采用家族式的管理模式,这样就难以获得比较有效的管理效果,不利于武术馆校的健康发展。

第二节 我国传统武术人才资源的开发

可持续发展战略在我国得到逐步实施之后,传统武术也逐渐走上了可持续发展的道路,而科学合理地开发武术人才资源是保持武术得以可持续发展的决定性因素。本节主要从原则和对策两个方面来对我国传统武术人才资源的开发进行研究。

一、传统武术人才资源开发的原则

(一)市场开发原则

在开发传统武术人才资源方面,要对市场开发的原则予以遵循,这主要从以下两个方面来进行分析:

第一,在培养武术人才方面,要将市场机制的作用充分发挥出来,以对社会各界产生强大的吸引力,促使社会各界力量能够

第七章　传统武术发展的人才培养策略

积极参与到人才培养之中。目前,在市场经济条件下,在武术人才开发方面,国家对于投入与产出的效益非常重视。以往,我国在人才培养上,只对社会效益和政治效益比较重视,而且以政府培养为主,培养主体较为单一,现在转向关注综合效益,而且培养主体也不只局限于政府,社会力量积极参与,出现了多元化的培养主体。这样既能够减轻人才培养过程中政府的负担,还能够使各界力量从人才培养中获得一定的收益,已达到"双赢"的目的。

第二,在计划经济时期,我国主要采用计划手段来配置武术人才资源,这种配置方式存在明显的弊端,对武术人才能力的培养和积极性的发挥是不利的。就目前来说,在当前社会主义市场经济条件下,我国资源配置主要是以市场配置作为主体,对市场机制对资源进行合理配置的优势进行发挥,以使武术人才资源的优化配置得以最大限度的实现得到有效保证,充分发挥竞技武术人才的价值。

综上可知,在对传统武术人才资源进行开发的过程中,我国要高度重视对市场进行开发,在资源配置方面充分发挥出市场的积极作用,提高武术人才资源开发的效率。

(二)整体开发原则

在武术人才资源开发方面,其涉及很多不同的层面,如政策性开发、地域性开发、使用性开发、群体开发、培养性开发、个体开发等。对于武术人才资源只有从不同形式、不同层面进行全方位的开发,才能实现良好的整体开发效果。武术人才资源的整体开发效益能够全面体现局部武术人才资源开发的效果,而为了促进整体开发效益的实现,就必须不断完善每一个局部的开发,从而优化组合各个局部,达到整体的优化。就系统论来说,对传统武术人才资源进行开发是一个比较大的系统,它包含很多子系统,也就是对每个局部资源的开发,为了顺利实现整个系统的最优化,就必须促使每一个子系统相互支持、相互协调、相互配合。所以，我们要坚持整体性的原则来对传统武术人才资源进行开发，从而促进整体开发效益的提高与优化。

(三)开放性开发原则

在发展我国体育运动的过程中，国际化趋势也变得越来越明显，武术运动发展同样如此。全球一体化使国际化成为武术运动发展的必然趋势。作为一项民族传统体育运动，我国的武术运动一直以来在世界武术中都居于领先地位。为了促使武术运动实现世界化发展，提高武术在世界上的地位，这就需要充分利用武术人才资源方面所具有的优势，不断加强国外武术教练员、运动员等相关人才资源的开发力度，高度重视那些武术开展相对较弱的地区和国家武术人才资源的开发，以更好地保证各个国家武术人才资源得到不断丰富，人才水平得到不断提高。同时，我国还要对国外优秀武术运动员进行积极的引入，使其在我国武术竞赛中发挥优势，提高武术比赛的观赏性和竞争性，扩大我国武术比赛的影响力，加强中外武术运动员相互之间的交流。

(四)学习与训练相结合

在开发武术运动员这一部分人才资源方面，要遵循学习同训练相结合的原则。这一原则要求对武术运动员的文化素质和专业技能进行全面开发，促使他们的综合素质水平得到提高。21世纪的今天，我们处于知识经济时代，新时代要求人们要具备全面的素质，武术运动员要想与新时代的要求相适应，就必须提高自身的综合素质，否则就会被淘汰。在对武术运动员进行培养方面，我国存在着比较明显的学训矛盾，运动员常常很难对学习和训练的时间做出合理的安排，无法进行合理分配。有一些运动员一心追求好的比赛成绩，因此，大多数时间都在进行训练，基本上并没有对文化知识进行学习，失去了文化课学习的最佳机会，这对其以后的就业发展产生了比较严重的影响，而且很多业余体校和武术馆校也只重视运动员的比赛成绩,对其文化知识的学习漠不关心,没有以"以人为本"的理念来办学,这是对武术运动员未来发展不负责任的表现。只有使学习和训练的矛盾得到科学解决,坚持学习与训练相统一,才能促使武术运动员得到全面的发展,也才能健康、可持续地对武术人才资源进行有效的开发。

(五)培养与使用相结合

在对传统武术人才资源进行开发方面,武术人才的培养与使用是需要予以重视的两个重要方面,而且培养与使用是紧密联系、相互促进的。武术人才的培养为人才的使用提供了可能,对武术人才进行合理、充分的使用是人才培养的主要目的。就目前来说,在武术人才开发方面,我国存在着一个比较明显的问题就是人才的培养与使用存在脱节现象。这主要从以下几个方面表现出来:

(1)一些运动队在培养优秀武术运动员后,由于队中存在着比较激烈的竞争,所以,优秀运动员缺乏更多的参赛机会,这就使得他们很难在比赛中实现自己的价值。

(2)在退役之后,优秀武术运动员同样面临着事业的困境,所以不得不选择转行。

(3)退役运动员在没有接受系统且正规培训的情况下,就直接到业余体校或武术馆校任教,其在任职过程中也没有接受在职培训或继续教育。

以上这些问题,集中地将我国武术人才资源的培养与使用之间所存在的脱节现象反映出来,这必然会对武术人才资源开发的最终效果产生制约和影响。因此,在对武术人才资源进行开发的过程中,要将人才的培养同人才的使用这两个重要的环节很好地结合起来,对武术人才资源加强整体开发,实现武术人才资源开发的最佳效益。

二、传统武术人才资源开发的对策

(一)促进传统武术人才资源的合理流动

1. 减少武术人才流动的直接成本

促使我国武术人才资源进行合理流动的一个重要措施,就是将武术人才流动的直接成本减少。武术人才的流动必然会付出相应的代价,这就是直接成本,将直接成本降低是对武术人才资源配置效率进行提高的一个基本要求。换句话说,只有促使武术人才资源的配置效率提高,并达到一定的程度,才能产生足以补偿武术人才流动直接成本的目标工作状态与目前工作状态之间的效用差时,才有可能实现武术人才资源的合理流动。[①] 由此可知,为了促进武术人才资源的合理流动,需要最大限度地减少直接成本。

2. 加强对武术人才及其相关组织的信息机制的建立与完善

在对有关促进武术人才流动的决策进行制定的过程中,无论是针对武术人才的个体,还是针对相关的组织,都离不开对大量相关信息的获取,特别需要来自对方的信息。比如,在制定针对武术人才个体流动的决策中,需要对目标工作状态的相关信息加以了解;在针对有关组织的流动决策中,需要对武术人才个体的能力、素质以及市场供求状况等相关信息加以了解与熟悉。不管是对哪一方面的信息进行了解,都必须要建立相关的信息手段和信息机制,并对此进行不断完善,这就要求对相关的武术人才中介组织机构、信息服务网络进行积极培育,对相关机构和网络在武术人才合理、快速流动中的积极作用进行充分发挥。

---

① 漆振光.新时期我国竞技武术人才资源开发研究[D].上海体育学院,2010.

(二)完善武术人才市场

1.宏观调控武术人才市场

在市场经济条件下,如果单单凭借市场的作用是很难实现对武术人才资源的合理配置的,这主要是因为市场自身具有一定的盲目性、局部性,并客观存在着市场失灵的问题。所以,在发挥市场作用的同时,还要加强政府的宏观调控,这是使市场的正常运行得以保障的关键。现阶段,对于武术人才市场,我国要继续加强宏观调控,从以下两个方面进行着手:

一方面,现阶段我国还缺乏健全且完善的武术人才资源开发的相关政策法规,因此需要政府充分发挥宏观管理的职能。

另一方面,武术的发展在我国不同地区之间存在着比较明显的失衡现象,从地域分布来看,武术人才也是不平衡的。通常来说,西部地区武术人才比较少,并且人才的综合水平也是比较低的,还存在着非常明显的人才流失问题,很难从其他地区引入高水平的人才。而东部地区武术人才较多,整体水平较高。为了更好地促进武术运动在西部地区的发展,缩小同东部地区之间的差距,政府要采用宏观调控手段来制定相关政策,科学指导西部地区引进武术人才以及发展武术运动。

2.对武术人才的社会保障制度进行建立

武术人才社会保障制度的建立与完善,对于促进武术人才市场的正常运行和市场机制功能的充分发挥具有积极的影响。在武术人才社会保障制度中,武术人才基本生活与权益的保障是其中的主要内容,具体包括档案、户籍、医疗、住房、待业救济、人身保险等多个方面。在武术训练与竞赛过程中,经常会发生伤害事故。因此,为了更好地保护运动员的安全,建立社会保障制度是非常必要的。但社会保障制度并不能解决所有的问题,还需要从其他配套的管理体制着手,来全面建立武术人才的社会保障体系。

（三）构建武术人才激励模式

激励机制的合理性能使员工的动机得到有效激发，促进其积极性的充分发挥，从而达到促进工作绩效提高的目的，这是现代人力资源开发与管理理论中非常重要的一个问题。为了能够充分激发与发挥我国武术人才的创造性和积极性，促进传统武术运动得到健康可持续发展，就需要构建武术人才激励模式。但要注意，所构建的激励模式要与新时期我国武术运动的发展特点与发展现状相符。

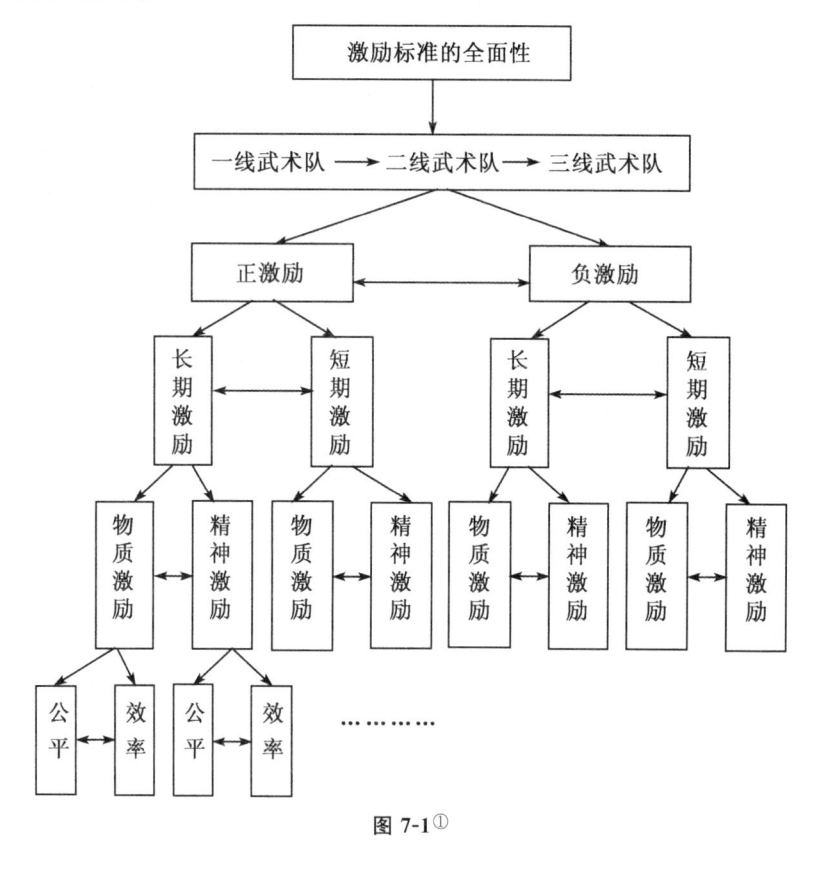

图 7-1[①]

现阶段，我国在开发武术人才资源方面，对于相关激励政策的使用非常少，就这一问题，有关部门对新时期我国武术人才激

---

① 漆振光.新时期我国竞技武术人才资源开发研究[D].上海体育学院,2010.

第七章 传统武术发展的人才培养策略

励的基本模式进行了构建,以此来提高传统武术人才开发的效益,促进我国武术运动的持续健康发展。具体如图 7-1 所示。

从图 7-1 中可以看出,武术人才激励模式是一个全面性、层次化、多元化的激励,这样的激励模式能够更好地满足我国武术人才在各个不同时期、不同层次的个性化需要。

人才学理论中针对人才的多方面需要提出了相应的具体要求(图 7-2),我国在对武术人才的不同需要进行科学对待时,可以对此进行参考。

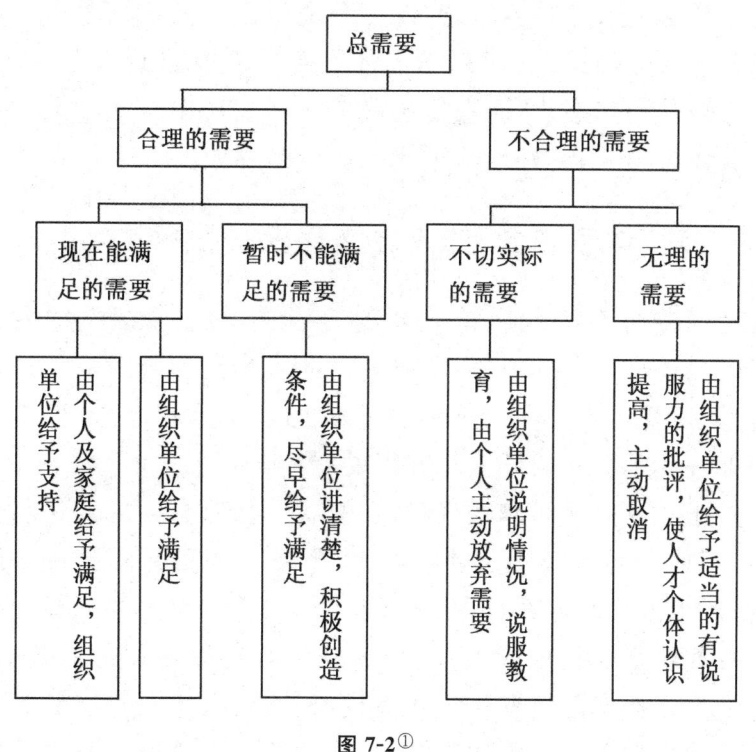

图 7-2[①]

另外,随着我国社会经济的快速发展,整个社会的不断进步,人们的物质生活条件得到了极大的改善,社会力量也得到了相应的加强。在这一大前提下,我国应促使武术人才激励主体得以不断增加,积极培养各个不同的激励主体,以促使各种社会力量在

---

① 漆振光.新时期我国竞技武术人才资源开发研究[D].上海体育学院,2010.

开发和培养武术人才的过程中将各自的优势充分发挥出来,来更好地促使武术运动得以健康发展。

第三节 我国传统武术人才培养的策略

在对我国传统武术人才培养的现状及存在的问题进行分析并了解了我国传统武术人才资源的开发之后,就需要根据实际情况制定科学的人才培养策略,以更好地对武术人才培养中所存在的问题进行全面解决,对武术人才培养的现状进行改善,提高武术人才培养的效率,从而在传统武术运动发展中将武术人才的价值充分发挥出来,更好地促进武术运动的发展。

一、对"体教结合"的人才培养模式积极贯彻

我国在培养武术后备人才的过程中,要正确树立"大人才观",走"体教结合"的道路,不仅要对武术套路自身发展的需要加以考虑,还要将青少年个人及其家庭的追求重视起来,这样才能全面促进武术事业的开展与健康发展。

对于武术人才培养的现状,在对"体教结合"的模式进行贯彻时,我国首先要有效地解决好武术后备人才文化素质较差的问题,在武术人才培养系统中将具有才华的青少年人才积极引入进来。一些业余体校办学效益很差,长期难以取得良好的效益,有关部门应根据实际情况将这些体校取消,将武术运动队转移到办学条件优良的相应级别的学校中,武术教练员也随着运动队到学校中继续担任训练工作。除此以外,对于武术办学,政府还要提供必要的资金扶持,合理分配体育彩票的公益金,拿出一部分资金来妥善地解决好武术运动员学习与训练的矛盾,并有效处理好中小学中武术教师专业素质较差的问题。这些措施与策略的采用对于充分结合武术教育与武术训练具有积极的效果。

二、建设教练员队伍,促进教练员综合素质水平的提高

在武术运动训练中,教练员担任设计者、组织者、教育者的角色,发挥着重要的主导作用。武术后备人才的培养质量直接受教练员综合素质的决定性影响。目前,我国武术教练员整体水平较低,无法实施科学化的训练,因此要加强对教练员队伍的科学建设,促进教练员综合水平的不断提高,具体对策如下:

(一)提高教练员的思想意识

促使业余武术教练员的思想意识得到切实提高和更新,不断加强他们的责任心和事业心,使他们能够对国家、集体、个人之间的利益关系形成一个正确的认识,能够始终将对武术人才的培养作为自己的工作目标,并对工作职责进行积极履行,在具体的执教与执训过程中淡化个人利益,将国家利益放在首位,积极培养能够为国家争取荣誉的优秀武术运动员。

(二)制订教练员培养计划

当今社会已经到了知识经济时代,在这种背景下,如果武术教练员依然只是凭借自己的固有模式和经验来开展武术人才训练工作,就很难达到科学训练的相关要求,更难以获得比较理想的训练效果。因此,武术后备人才培养单位的相关领导们在考虑本单位客观实际的基础上,对武术教练员的培养计划进行制订,对教练员的业余学习进行积极的鼓励和支持,促进教练员文化素养和学历水平的不断提高,使其对有关武术训练、科研、管理等方面的知识进行全面且充分的掌握,以此来促进其综合素养的提高。除此以外,相关部门还要通过积极创造有利的条件来为教练员的学习提供更多的机会,通过举办各类型业余培训班来促使不同级别的业余教练员获得机会学习,使同一级别的教练员在培训班中能够进行相互交流和切磋,以实现相互取长补短,共同进步。

武术人才培养单位还应注意,要对国内外的武术专家与学者进行积极的引入,使其来本单位进行专题讲座,使本单位的教练员可以有机会学习国内外先进的训练理念与方法,促进教练员知识不断丰富与执训水平不断提高,同时,促进其科研意识不断增强,为教练员从经验型转向科学型、学习型提供有力保障。

三、加强竞赛制度建设

为了对我国武术后备人才进行有力的培养,必须加强对青少年武术竞赛制度的改革,为青少年武术比赛营造一个良好的环境。具体应从丰富竞赛形式和整顿赛风两方面着手进行。

(一)丰富竞赛形式

竞赛形式的丰富性主要是在目前现有的青少年武术比赛的基础上,加强改革的措施,具体的对策主要有对青少年武术锦标赛的参赛条件进行拓宽,扩大比赛的规模,允许外籍武术后备人才参加,以此来提高比赛的水平和竞争性。这些措施对于武术后备人才的选拔也是有积极意义的。

相关部门也可以鼓励各个地区高校之间开展武术对抗比赛,这既能够促进武术运动在高校中的发展,而且还能够从中挖掘一些具有高水平的武术人才,以充分发挥高校在武术后备人才培养方面所具有的价值。

(二)整顿赛风

首先,培养武术后备人才的单位要树立正确的政绩观,要谨记"输送第一",在青少年武术比赛中,要对金牌意识进行淡化,并不断强化输送意识。

其次,有关部门要积极采取相关措施来对武术赛事加强管理和监督,严格整顿比赛风气,坚决制止青少年武术赛事中的弄虚作假现象,并对谎报年龄、拉雇佣军等违背比赛规则与精神的现象严肃处理。

最后，要认真贯彻和落实《反兴奋剂条例》，严格禁止兴奋剂的使用，一旦在比赛中查出，必须做出严肃处理。

四、加强对民办武术馆校的监督管理

我国有关行政部门要高度重视武术馆校的健康发展，国家相关部门同各地方的管理部门要密切配合、相互协调、共同管理，以促使武术馆校的办学质量得到提高。

同时，还要对武术馆校的管理者以及教练员不断加强思想教育和业余教育，定期举办对武术馆校校长培训活动以及教练员培训活动，并组织学校领导和教练员进行相关法律法规的学习，不断提高校领导的管理水平以及教练员的教学水平。

另外，有关部门还要对民办武术馆校科学制定优秀武术后备人才输送奖励制度和政策，借此来更好地促使武术馆校教练员参与训练工作的积极性得到提高，以此来更好地提高武术人才训练的科学化程度。

第八章 传统武术的可持续发展策略

任何一项文化在发展过程中都要遵循可持续发展的战略,而作为中国优秀传统文化代表之一的传统武术,如果想继续发展和传承下去,就更要遵循这个战略。本章就来研究传统武术的可持续发展策略问题。

第一节 全球化与可持续发展理念

一、全球化的科学内涵

所谓"全球化",可概括为科技、经济、政治、法治、管理、组织、文化、思想观念、人际交往、国际关系十个方面的全球化[1]。"任何一个国家、一个民族的文化,在其发展过程中,都要经常出现这样一种矛盾运动:一方面它要维护自己的民族传统,保持自身文化的特色;另一方面它又需要吸收外来文化以发展壮大自己。这种矛盾运动,文化学上称之为'认同'与'适应'。"[2]由此可见,在当今社会,全球化的理念已经渗透到各个领域和角落。

传统武术吸收了中华民族的传统哲学,逐步形成一种自成一体的传统文化体系,成为一种特有的文化现象。之所以将传统武术与全球化背景放在一起研究,是因传统武术不断发展后,正逐步把其文化传播到世界各地,同时,传统武术自身也正遭受到诸多外来文化的冲击。伴随着全球化的进程不断加快,中华民族绵

---

[1] 薛晓源,曹荣湘.全球化与文化资本[M].北京:社会科学文献出版社,2005.
[2] 张岱年,方克立.中国文化概论(修订版)[M].北京:北京师范大学出版社,2004.

延数千年的文化历史和创造出的光辉灿烂的本土文化受到了外来文化的挤压与碰撞,传统武术也必然在全球化的大背景和大趋势下受到挑战。

"矛盾是事物发展的动力。不同历史时期的武术存在于不同的历史条件下,其矛盾有着各自的特殊性,这就决定了武术的概念、特点和价值也都是在不停地发展变化着,对此我们必须具体事物具体分析。"① 所以,在全球化发展的今天,人们的生活方式根据时代发展产生着诸多变化,快餐式的生活方式逐渐充斥于社会的各个领域,传统武术在这样的时代背景下既受到挑战,又有很多机遇。

二、可持续发展的科学内涵

可持续发展,英文为 Sustainable development,这一概念的提出,最早可追溯到 1980 年由联合国环境规划署(UNEP)、世界自然保护联盟(IUCN)、野生动物基金会(WWF)联合发布的《世界自然保护大纲》。1987 年,世界环境与发展委员会在布伦特兰夫人等的提议下,发表了《我们共同的未来》的报告。在这份报告中第一次使用了"可持续发展"的概念,并在报告中对可持续发展的概念进行详细解释。报告发布后,可持续发展这个概念在世界范围内产生巨大反响。

在《我们共同的未来》这份报告中,将可持续发展定义为能够使当代人的需要得到满足,同时,又不会对子孙后代的需要得以满足的能力产生危害的发展。这个定义又提到了两个非常重要的概念,一个是需要概念,另一个是限制概念。就需要来讲,要把世界各国人们的最基本的需要放在最优先的位置进行考虑;就限制来讲,是指社会组织和技术状况对环境满足现在以及将来需要的能力所进行的限制,包含多个层面,具体包括国际、区域、地方、特定界别的层面等。这些都是科学发展观中最为基本的要求。

---

① 温力.中国武术概论[M].北京:人民体育出版社,2005.

国际自然保护同盟在 1980 年制定的《世界自然资源保护大纲》中明确提出:"为了更好地确保全球能够得以健康可持续发展,就必须要对社会的、自然的、经济的、生态的以及自然资源利用的过程中的基本关系进行研究。"

《建设一个可持续发展的社会》在 1981 年由美国人布朗出版,在这本著作中,布朗提出实现可持续发展就要控制人口增长,对基础资源进行保护,对可再生资源进行开发。1992 年 6 月,联合国在巴西里约热内卢组织召开了"环境与发展大会",在会议上通过了《里约环境与发展宣言》《21 世纪议程》等文件,这些文件体现出可持续发展的核心思想。中国政府也积极行动,发布《中国 21 世纪人口、环境与发展白皮书》,首次提出可持续发展的战略,把它列入国家经济和社会发展的长远规划之中。在 1997 年举办的中共十五大上,可持续发展被定为我国"现代化建设进程中必须实施"的战略。

通过相关研究和解读,可持续发展包括经济可持续发展、社会可持续发展、生态可持续发展。中共十六大将"可持续发展能力的不断增强"确定为全面建设小康社会的重要目标之一,所以,可持续发展观是一种新的道德观、发展观和文明观。

对可持续发展的解读,有以下几点:

(1)可持续发展的重点是"发展",在实践中要将这一主题予以突出。对于一个国家来说,经济增长与发展其实是两个概念,发展是多方面因素的共同作用,如科技、社会、文化和环境等,是人类共有的、普遍的权利,而且不管是发达国家还是发展中国家都应该享有的权利,是全人类所共有的。

(2)可持续性的发展,人类社会和经济的快速发展不能超越环境和资源的承受能力。

(3)人类生而平等,人与人之间的关系是公平的,在发展和生活的过程中,当代人要给子孙后代留出后路,要让后代也有相同的发展机会,当代人不能因为自己的私利而损害下一代人的利益。

(4)人类要与大自然协调发展,构建全新价值标准和道德观念,做到尊重自然、保护自然,与自然和谐相处。如果盲目追求发展而大肆破坏环境,则必将遭到自然的惩罚。所以,可持续发展就是一条光明的大道,可持续发展的提出与实施是人类社会文明进步的一大重要的历史性转折。

三、传统武术可持续发展的含义

作为我国民族文化的重要组成部分,传统武术的发展过程并非是一帆风顺的,在其发展过程中受到了多方面因素和条件的影响与制约,因此,如果想继续把武术文化传承和发扬下去,就需要摒弃那些不好的思想观念,摆脱制约与束缚,进行大胆而积极的创新,走可持续发展之路。

所谓传统武术的可持续发展,是指既要使传统武术在当下得到发展,同时,也要考虑传统武术的今后发展,让传统武术的发展走到健康、稳定、可持续、良性的轨道上来,从而使子孙后代的武术需求得到满足。传统武术作为一种文化现象和民族传统体育运动,其未来发展要用全新的发展视角来审视,这对其发展具有积极意义。

传统武术的可持续发展的具体措施就是采取各种手段和措施,来为传统武术将来的发展建立或创造出更好的条件,从而促使传统武术得以长期、可持续地发展。

第二节 我国传统武术的文化传承与传播

一、我国传统武术文化的传承

(一)文化传承的概念

关于文化这个概念,在广义上主要指人类创造出来的所有物质和精神财富的总和,既包括人生观、世界观、价值观等意识形态部分,也包括文字、语言、科技等非意识形态的部分。文化是人类独特的现象,是人类不断进行社会实践后的产物。人类在生存、生活的过程中创造了文化,人类之所以能延续自己的血脉,就是因为能把创造的文化传承给后人。

传统武术的传承,其本身就是一种文化的再生产和再创造。在历史上,通过不断传承,使中华民族生存下来并不断壮大,保持个性;在当今时代来看,文化传承则是中华民族屹立于世界民族之林和实现"中国梦"的根本保障。

(二)武术运动传承的内容

传统武术作为一种传统的技击术,核心内容就是技术,技术的传承是传统武术传承的最主要内容。此外,由于传统武术体现着优秀的中华民族文化,所以,武术运动中的所有内容都可以称之为文化,都属于文化的范畴。因此,武术的传承实际上就是武术文化传承。通常来讲,把武术文化传承的内容大致分为技术传承和文化传承两部分。

1.武术技术

传统武术传承中,包含的技术内容主要是各个拳种及其流派中的拳术与器械技术。中华传统武术中有着数量、流派众多的拳法,这些众多的流派使传统武术文化具有博大精深的特点。1997年,原国家体委编纂的《中国武术史》中,对武术拳种进行分门别类的介绍。这些拳术历史悠久,拳理清晰,风格独特,自成一体,在数量上就超过了100个,因为数量太多,本书不一一列举。这些拳种有很大部分没有得到很好的传播,且一些拳种对于普通人来说是非常陌生的。这种现象就很明确地体现出传统武术在现代社会发展中生存艰难的客观事实,同时,也体现出传统武术文化传承的紧迫性。

实际上,我国在20世纪80年代就开展了传统武术挖掘与整理工作,在这项工作进行的过程中,不仅遇到文字记载的内容,还遇到一些录像内容。虽然这些录像资料是客观存在的,但并不代表拳种本身的存在。因为传统武术是技术,仅凭录像和文字是无法考证其真实面目的,因此,也就不能记录下来。但在总体来说,我国传统武术中众多拳种流派的技术内容是非常具体而充足的。此外,如果以流派为研究对象,又有着众多的派别,各个派别在技术方法上都不同,所以,中国到底现存多少种拳术,确实是难以统计的。

除了拳法腿法这种徒手技术,我国传统武术的不同拳种流派还都有各自的器械技术,这些器械技术也是异彩缤纷的,有着多种风格。除了竞技武术用到的刀、剑、枪、棍棒外,还有众多的兵器,如大刀、笔架叉、戟、斧、钺、戈、叉、三叉齿钉耙、铲、锐、狼牙棒;短器械有鞭、鞭杆、拐、钩、锤、橛、匕首;双器械有铁筷子、铁梳子、月牙刺、鸡刀镰、峨眉刺、马戟;软器械有绳镖、流星锤、九节鞭、双飞过、龙头杆棒、三节棍、飞锤、四节锐、杆子鞭;此外,还有判官笔、圈、天荷凤尾镗、狼筅等其他器械。

在传统武术这个庞大的内容体系中,还存在着各种健身、养身、护身、增强技能的功法,包括促进意、气、劲、行完整的"内功",提高身体攻击力和抗击打能力的"硬功",还有提高肢体关节活动幅度和肌肉舒缩性能的"柔功",促进人体协调平衡能力和翻腾奔跑能力的"轻功"等。这些令人眼花缭乱的技术与功法也要传承和发扬下去,它们将民族传统文化的色彩体现得淋漓尽致,真正代表着传统武术的文化与内涵。

2.武术文化

传承武术文化不仅要重视武术技术层面的内容延续,如功法、套路、绝招等,更为重要的是将武术中深刻而丰富的传统文化进行继承与延续。武术传承的文化内容主要包括以下几个方面:

(1)传统武德

关于武德的概念,在第三章已有阐述,因此在本节重点分析武德的传承。武德能协调好习武者的人际关系,对其个人的各项活动也具有深远的影响,这些活动内容具体包括道德作风、身心修养、精神境界和武术礼仪;武德贯穿于习武者的一生,在其拜师择徒、教武、习武以及用武的全过程中都能显示出价值和意义,武德也就是在武术这一特殊领域中运用了社会伦理道德思想的内容。

不论是古代、近代、现代还是当代,武德一直作为习武者的道德规范而备受推崇,是中华民族的精神之一。在不同的历史阶段和拳种门派中,武术的道德规范要求是有差异的。但总体来讲,还有一些共同的规定。到了现代,武德就是练习武术的道德,这一道德与行为规范需要武术的传习者来遵守。武德在其发展的过程中不断吸收社会发展的优秀文化成果,要在武德的内容中得以体现。武术界自身也要不断地发展与提炼武德,让武德的内容不断升华,这样才能促使传统武术文化更加繁荣昌盛。不同时代的武德在发展上会受到不同因素的影响,武术文化如果想成为更加先进的文化,就要有很高的立足点,与时俱进,与时代发展相结合,适应社会发展规律,这些都是促进武术文化发展的关键。

(2)武术中的传统文化

中华民族传统文化内容繁多,形成了一个复杂的体系,涉及社会生活的方方面面,而传统文化又与传统武术相互影响,相互融合,进而形成了传统武术文化。所以,在武术文化传承的过程中,传统文化的内容是不可或缺和不可避免的,具体表现在哲学、宗教、艺术、军事等方面。

(3)武术史的内容

①武术通史。具体包括武术的起源、武术古代史、武术近代史、武术现代史。

②武术断代史。专门研究武术在某一特殊时期的状况、特征及其规律的历史。

③武术拳种单项史。研究某一拳种或拳法的起源及其技法发展的历史。

④武术典籍。记载了关于传统武术的经典文献等相关历史内容。

第八章 传统武术的可持续发展策略

(三)武术文化传承的原则

1.客观性原则

传承武术文化的首要原则是客观性。对于武术文化的传承来讲,首先要求传承的文化是客观而实际的。例如,现在许多武术院校或武术馆经常宣传一些根本不存在的内容,以此来欺骗广大有志于投身于武术事业的人们,最终失去公信力,致使发展道路越来越窄。在宣传上有偏差不仅不利于学校自身发展,还会影响到传统武术这项运动的发展。

2.古已有之原则

武术文化的传承就是武术运动的延续,所以,武术文化的传承是一个有序的过程。我国著名学者葛兆光在研究思想史时发现:"人们从一开始就相信,古已有之的事情才具有合理性与合法性。于是,思想者常常要寻找历史的证据。"对于武术运动文化也一样,比如习武者想练习某个拳法,往往要追寻所学拳种流派的根源,以理清自己的脉络,并在师承中找准自己的定位。由此来看,传承有序、历史悠久,是传统拳种流派的文化底蕴。

3.渐进性原则

文化的传承是分层次继承的,是一个循序渐进的过程,这是文化传承的基本规律。所以,武术文化的传承也要做到这个基本规律,不能急功近利。比如,为了使传统武术有更大的影响力,希望其进入中小学、进入高校,成为学校体育教学的内容,这不是一蹴而就的事情,而是一个漫长的过程。再比如如果想让传统武术加入奥运会大家庭,同样也是一个循序渐进的过程,因为对于世界各国来讲,我们的武术对他们来说也是外来文化,需要世界有一个逐步的认识。

4. 文化性原则

文化只有在发展中才能更加繁荣。一般而言,传统武术的传承思想是以德为先,注重传承人的悟性,并注重拜师程式,在传承活动中要营造一个完整的文化空间。就拿现代竞技武术来说,由于其传播过程主要在院校进行,学艺的形式是集体授课教学,没有所谓的师承,道德培养相对被忽视,从文化空间的角度看就是不完整的。而韩国的跆拳道与我国传统武术相比,从发展历史和传播内容上都无法相提并论,但因为注重礼仪文化,为其增色不少。

(四)武术文化传承与意义

武术文化传承的意义是指武术传承活动本身具备的能力及其对人和社会所起的作用和效能。其实,文化传承在实际上体现了文化的内在属性,是人类社会不断向前发展的内在要求。人类社会组织和结构的发展与完善,离不开民族传统文化的传承,离不开民族精神的继承和社会维系。在理解武术文化传承的意义之前,首先要明确武术自身的文化性。从文化传承的角度来看,武术传承的意义主要表现在以下三个方面:

1. 促进拳种流派的交流和新拳种的产生

毫无疑问,通过武术文化传承可以促进不同拳种流派的技术与文化交流,在不断交流的过程中就会产生新的拳种或流派。比如太极拳在不断发展和传承的过程中产生了杨氏、陈氏、孙氏、吴氏、武氏等不同流派;南拳中的蔡拳、李拳、佛拳通过传承形成了蔡李佛拳等。总之,武术在传承过程中会产生新的流派,这是武术适应社会发展需要的表现。武术文化的传承需要不断创新,这样才会适应当代社会的发展,但创新的根本要求是不能全盘否定当前的文化,不能抛弃传统。

2. 促进武术技术与武术文化的发展

武术文化传承的重要功能是文化的承接和传载。通过传承，可以将武术技术和武术文化继承并传播下来，让这些优秀的文化世代相传，并与其他文化相互作用。比如某拳种流派，无论其是纵向传播，还是横向传播，都使武术技术与文化得到了充分的保留和传递。

3. 促进民族传统文化的发展繁荣

对于一个民族来说，能显示出他们民族特征的就是其所具有的传统文化，所以说传统文化是民族的核心要素，民族文化的传承则是民族共同体形成和发展的重要机制。

一方面，共同的民族文化不仅是一种可以识别的符号，而且也是这个民族存在和维系的精神内涵。只有通过文化传承，才能实现这种维系民族共同体的精神文化的发展，民族的延续才不会中断；另一方面，民族文化的深层次结构构成本民族文化的核心，它联系着民族的深层次心态结构和认同意识，也是这深层次心态与意识的结构。

只有通过心理来传承本民族的文化，才能使这些相对复杂的核心要素有机地融于每一个成员的内心意识之中，也才能让民族文化的精神维系化为稳定而持久的民族认同感和内聚力。所以，通过民族文化深层次的心理传承，能让民族共同体不断发展和壮大。

二、我国传统武术的传播

（一）武术传播的过程

可以说，武术传播是与人类社会发展同时产生的。在遥远的远古时期，那时候原始人类的生活条件也很原始，为了在艰苦条件下生存下去，必须与自然界的野兽作斗争，个人在打斗过程中习得的技能必须通过传播才能让其他人学习到,这一时期的传播主要是通过语言和动作模仿,传播的根源在于武术自身的价值和人类的需要。此时武术的价值体现在技击上,由于技击价值的获得,就能用来进行与猛兽或敌人的格斗。由此,人类对武术技击技能的学习具有强烈愿望,正是这种生存的渴望促使武术在人类文明的开始就从技击价值中形成了传播的动力。

可以说,武术传播的历史和人类文明历史几乎是一样长的,因为武术传播的过程始终伴随着人类发展和进化的漫长过程,并在人类历史上扮演重要的角色。

武术传播是一个动态的过程,其完整的过程通常是传播者将武术传播内容传播给传播对象,并形成一定的效果。对这个传播过程进行分析,主要是为传播要素的分析服务的。

1. 武术传播过程中四个要素的认识

从武术传播的过程来看,实现武术传播必须要有四个基本要素,也就是武术传播者、武术传播内容、武术传播渠道和武术传播对象。这四者缺一不可,缺少任何一个,武术就不能顺利实现传播。

武术传播者是武术传播过程的第一个环节,武术传播者既可以是一个人,也可以是一个组织。武术传播者将传播内容"发送"出去,它主要解决"传播什么"和"如何传播"这两个问题,因此,武术传播者对传播过程的存在和发展有主要的责任,而且还能决定传播内容的数量和质量。

武术传播内容是传播过程中动态、流动的部分,它要经过一定的渠道和变化让传播对象"接收",是连接整个传播过程的桥梁。在传播内容的过程中又涉及传播途径这个问题。传播途径有很多,可以从多角度来表达和分析。以媒介的角度来看,传播途径有语言、文字、互联网等方面;如果从传播形式来看,可以分为传统的师徒传播、学校的师生传播以及社会传播等。

传播对象是传播内容的终点,传播对象可以涵盖所有人类社

第八章　传统武术的可持续发展策略

会的成员。但是，只有真正接触了武术传播技术内容时，才可以称得上是传播对象。

2.武术传播过程中三个环节的理解

武术的传播过程虽然相对复杂，但并不代表它无规律可循。在传播过程中，各要素密切联系，按照各自的分工，各司其职，才能保证武术传播过程得以顺利进行。通过武术传播四要素间的相互作用，相应地形成了传播过程的三个重要环节，分别是武术传播内容的传出方式、武术传播内容的接受和武术传播效果的反馈。

(1)武术传播内容的传出方式源自传播者的传播目的

传播者根据个人和其他要素的实际情况来选择合适的传播内容，并选用一定的方式进行传播。就拿师徒传播这种经典的传承方式来说，师傅要结合自身的理解和经验，通过讲解、身体示范等各种不同的方式进行武术技术的传播和武德的传播，且这种传播都是由传承者精心挑选和策划的。这种传播的标准是师傅个人的价值观念和道德观念。比如从很多武术门规中都能看出，师傅只把所有的武术真谛传给某一个掌门人的接班人，而其他弟子只能获取部分内容，甚至嫡传弟子也不能得到师傅的拿手绝活，而这种传授恰恰是武术家的生存之本。

在学校武术传播中，武术教师选择和探究各种教学方法，想办法让学生更好地理解，达到更好的传播效果。在对外国学生进行武术传播时，采取的口头语言或身体语言必须能让他们理解，否则传播不可能发生。传播者和传播对象二者共同理解，才能使传播渠道畅通。在学校武术的传播过程中，传播者还有一项重要的任务就是通过一定的方式使武德等传统文化的内容附加于技术，进行武术文化的传播。要知道，武德也是武术内容的重要部分。竞技武术中，传播武德的典型方式是以武术礼节来实现。

(2)接受武术传播内容是武术传播过程中的重要部分

在这里涉及了很多方面的内容,具体包括传播者的传播方式、传播过程的阐释方式、传播对象的武术知识和理解能力等方面的问题。采取相对科学的传播方式和阐释方式,且传播对象"孺子可教",具有一定的武术知识和对武术的理解能力,那么传播过程才会有效果,有意义。这就是说,武术的传播和接受是两方面的事,所谓"师傅领进门,修行在个人",传播过程当然要靠传播者的努力劳动,但也得靠传播对象的上进和悟性。

接受武术内容在实际上也涉及传播效果的问题,效果就是达到目标的实现程度。一个传播过程可能完成既定目标,但也有可能出现效果不理想的情况,因此,在武术传播的过程中,一定要考虑到武术传播对象的接受能力和对武术的理解能力。

(3)传播效果的反馈是传播过程的重要一环

武术传播过程中还有一个关键的环节就是反馈,从理论上讲,传播过程没有反馈说明该传播过程是不完整的。在武术传播过程中,传播对象学习到相应的武术内容后,通过个人的感悟与领会,都会向传播者给出反馈。在武术的传播系统中,需要在武术的传播与反馈之间找到有效的平衡点。传播者可以从其预期的传播对象反馈中,及时改善个人的传播内容与习惯,让传播过程更加有效。换言之,武术传播过程包括传播者向传播对象的信息传播,还包括传播对象对传播者的信息反馈,而信息反馈对传播效果来说是至关重要的。

比如,目前武术馆和武术学校在全国非常流行,但是它们的传播效果到底如何,就要进行深入的调查和研究,主要考察其社会效益,也就是这个机构究竟对社会有哪些贡献。如果社会效益较差,那么获得的经济效益就是短期的;如果社会效益好,那么获得的经济效益是长期的,这种社会的反馈对于武术院校的发展是很重要的。再比如散打争霸赛,如果它能体现中华民族精神和武术精神,则这种传播是有效的;如果它只体现出那些暴力、打斗的血腥的东西,则这种比赛就不会有长远发展。

(二)武术传播的功能

关于武术传播的功能,可以定义为武术传播活动所具有的能力及其对人和社会所起的作用和效能。武术传播的功能是传播过程中客观存在的事实内容,它具有不以人的意志为转移的特点。对武术传播功能的认知越清晰,那么武术传播的方向就越明确,传播效果就越显著。武术传播者在传播过程进行前如果能充分认识武术传播活动的功能,就会做出相应措施,运用各种传播手段和方式来让这些功能充分得到释放和体现。武术传播的功能对传播活动的方向性、连续性和整体性起着重要的维护作用。

1.对于武术本身来说,武术传播具有文化功能

武术本身就是一种文化,综观世界发展,像传统武术这样博大精深、纷繁复杂的运动是独一无二的,武术具备的特殊的技击性就体现出了特殊的文化性。武术传播的主要功能如下所示:

(1)促进了武术技术与武术文化代代相传

武术传播的重要功能是承接和传播文化。它能将武术技术、武术道德等文化继承并传播下来,使之世代相传,并与其他文化相互作用。不论是拳种流派的纵向传播,还是横向传播,实质上都传播了武术技术和武术文化。

(2)促进了武术拳种流派的交流和新的拳种流派的产生

武术传播能够促进不同拳种流派的技术与文化交流,在这种交流中产生新的拳种或流派。武术在传播过程中形成新的流派和拳种,这是传统武术适应社会发展需要的直接表现。在武术传播的过程中,想要让武术适应社会发展就要做到创新。比如目前迅速发展的木兰拳,就是一个创新的例证。

(3)促进了武术拳种流派理论和技术的增值

武术传播还有一个功能就是让传统武术得到积淀,并使文化增值。武术传播使传统武术在历史发展中不断积累和沉淀。武术传播的时间越久远,文化的积淀就越深厚。这种文化的积淀使

武术理论愈发完善和丰富,使传统武术的技术更加多元和完整,使武术内涵不断加深,这一特点显示出文化传播的客观规律。事实证明,人类文明成果的积累离不开世代进行的传播活动,文化的形成不是零碎的、瞬间即逝的东西拼凑起来的,而是一种社会沉积,沉积时间久,文化才会持久弥香。

不过,文化的传承和沉积过程并不是稳定而单一的,而是一个通过扬弃、借鉴、创造,使文化得到增值的过程,武术在传播过程中完成了这种增值。武术传播的这个功能让武术教育者考虑如何更好地发挥出来,即如何通过更好的传播方法来推动传统武术在理论上的积淀,为武术未来的发展服务。

2. 从武术传播对象的角度来看,武术传播具有教育功能

武术传播过程实质是对传播对象的一个教育过程,因此可以说武术传播具有很强的教育价值。教育价值首先体现在武德教育上,在传统武术中,武德的传播往往是从始至终的,不管是传播者和传播对象在其一生中都会接触武德。由一般弟子到入室弟子都要进行武德的培养与考察,成为入室弟子后,在通过武德的考验后才能得到师傅的真传。在学习武术技术的过程中,锻炼自信心、磨炼意志品质也是一种修炼武德的过程。武德的培养充分显示出武术传播中的教育价值,因为这种过程是武术知识的传播,具体内容包括武术技术和武术文化。

教育功能的实质就是武术传播对象身心的调节。从心理学的相关理论来看,人类不断寻觅释放内心压抑的途径,想要找到各种各样的隐秘、迂回的途径,以逃避意识形态的检查。寻求成功便是转移升华,而通过传统武术来释放压抑的潜能,是一种可行的办法。在练武的过程中,内心的紧张与拘束都会得到消除,让人重新振奋精神,激发内在潜力与能量,完善个人品格与情感。因此,武术传播对传播对象来说,是一种心灵的教育过程。

3. 从武术传播者来看,武术传播具有经济功能

传统武术本身并没有经济功能,但武术传播具有经济功能。

武术在传播的过程中,能够满足社会需要,自然而然地就形成了经济功能。在历史上,很多武术大师和名家都靠传拳授艺来获取收入,来维持生计。武术传播产生出的经济功能在现代社会愈发明显,各式各样的武术馆、武术学校、武术教育机构如雨后春笋般遍布全国。据不完全统计,全国武术馆校有 1 200 多所,参与的学生达到了数百万。如此有前景的市场,使武术传播者更加专业化和职业化。通过传播武术,相关机构就能获得非常好的经济利益,从而满足生活需求。不论是武术培训机构的教师、大学校园中教武术的体育老师,还是体工队的武术教练等,都在工作中传播着传统武术的运动文化。实际上,我国的武术市场的前景是十分广阔的,很多人都有志于投身于武术事业之中,希望自己能开办武术学校,传播武术,获得经济效益。

武术传播者在发挥武术传播的经济功能时,传播的主要内容还是武术技术,其技术传播中更注重目前更加受重视的竞技武术传播,而传统武术的传播则相对较少,这是因为竞技武术看上去更加"官方",而传统武术则发展于民间。传播武术技术的同时,理论传播则不受重视。

当前就整个国家发展来讲,开发武术经济功能不能操之过急、急功近利,不正常的开发会导致武术在传播面与传播趋势上变得弱化,最终将会导致武术传播在社会上走下坡路。

(三)武术传播的原则

武术传播原则是依据已发现的传播规律和一定的传播目的,对武术传播者提出的在传播过程中所必须遵循的指导思想和基本要求。对传播原则的正确把握,可以对现在和未来的武术传播活动的过程和结果具有一定的规范作用、导向作用、定式作用和保证作用。

1.诚信传播原则

春秋时期齐国著名政治家管仲曾说:"诚信者,天下之结也。"

所以,武术传播的关键在于诚信。不论是官方的武术教育者还是民间武师,在自己的一言一行中都要做到诚信。

官方传播者有的是作为政府的管理机构,传播竞技武术的过程中,要做到公平公正,让官方组织具有公信力。民间武师在传播传统武术时更要注重诚信原则,社会上有一些武术学校大肆地宣传,但实际上并没有这回事,这是一种虚假的传播。因此,在武术传播中,不要搞假消息,做到诚信传播,这样才能保证武术传播健康有序进行。

2.针对传播原则

针对性原则涉及很多方面,比如在传播目的和传播人群上,都能体现针对性。比如,传播竞技武术就是针对进入奥运会,把武术推向奥运会是传播竞技武术的主要目的;传播散打武术是针对于广大青少年,肯定不会针对中老年人;而传播太极拳可以面向所有武术爱好者。进行武术文化传播也一样,针对性原则既是原则也是一种策略。比如传播木兰拳就针对中老年妇女,在传播时取得了巨大的成功;传播太极拳针对其具有的健身功能,所以越来越受到社会的欢迎;武术高段位主要针对德高望重,对武术发展做出贡献的老前辈们。

3.分层传播原则

武术传播不能一股脑儿地传播,而是分层传播,具体可分为浅层传播、中层传播和深层传播。虽然这是一个相当简单和直观的规律,但在传播武术时却有很强的指导意义。比如,武术向学校传播时,要定位为浅层传播,因为,学校学生的武术基础总体都较差,因此,进行高难度技术教学是不切实际的,要把学校武术定位于浅层传播,便于安排组织教材内容。又如在师徒传承中,传承给徒弟就属于深层传播,而一般弟子则属于浅、中层传播。中华传统武术段位制分初、中、高三层段位,这种段位也遵循了分层传播原则。初段位属于浅层传播,理论和技术都很少;高段位理论深厚,德高望重,属于深层传播者;中段位介于两者之间,属于中层传播。

4.渐进传播原则

传播武术需要循序渐进,这是任何文化发展必须要遵循的规律。从宏观上看,如果想让中华武术传播到世界各地,首先要通过竞技武术传播到国际上,然后让全世界充分看清武术运动的全貌。再比如木兰拳在传播最初时的受众群体是广大中年妇女,但如今不断发展后已逐步开始向中年男性传播了。师徒传播也要遵循渐进性原则,使徒弟逐步掌握技术方法及运用。

第三节 传统武术可持续发展道路的科学探索

一、保护传统武术,加强发掘整理应对流失

(一)强化文化安全意识,保护传统武术文化内涵

在全球化不断推进的世界发展大背景下,西方体育文化对中华民族传统武术文化的冲击是十分强烈的。我国传统武术文化也逐渐呈现出了由盛转衰的特点,境地越来越危险,随时可能失去自主性。在体育全球化浪潮的席卷下,传统武术在"更快、更高、更强"的奥林匹克理念下,其文化安全性日益显现,在将来发展上受到严峻挑战。倘若传统武术盲目地学习西方体育的理念,就会造成从量变到质变的不良后果,逐渐失去民族特色和独有的文化内涵,演变成一个"四不像"的"竞技武术"。因此,只有加强文化安全意识,才能避免传统武术流失。

只有对传统武术文化进行弘扬和保护,并在传统武术发展中树立创新精神,才能使传统武术重新焕发活力,增加安全意识。传统武术是中华民族的智慧结晶,源远流长,积淀深厚,它所凝聚

的文化以及所代表的习俗、民族情感都是无与伦比的。作为中华儿女,一方面,对传统武术文化要有自信、自尊和自强的信念,提高民族的凝聚力;另一方面,要想办法提升中国人对传统武术文化的自豪感和认同感,积极应对西方体育文化的渗透。在全球化发展的大背景下,只有本着对传统武术文化的热爱,坚守传统文化,才能真正树立起传统武术文化安全意识,才能自觉抵御西方价值观的渗透,树立传统武术文化安全意识,大力弘扬和宣传民族传统文化。此外,对于传统武术文化安全的保护,不能视为禁锢和保持原来的固有的文化,而是要用发展的观点来看待外来事物,这样在世界体育文化的碰撞和交流中,促使传统武术文化不断创新,提高自身的竞争力。传统武术文化只有不断地推陈出新,与时俱进,始终保持文化先进、文化自信,才能得以发扬光大,也才会真正地不被时代所淹没。

除此以外,国家和政府的相关部门也要针对传统武术文化资源建立相应的评估体系,全面而准确地看待传统武术文化流失的问题,要采取相应措施,保护优秀的传统武术文化资源,并将这些优秀的传统武术文化资源提高到国家文化安全战略之中。

作为我国优秀的民族传统文化的产物,评估传统武术文化,要站在国家文化安全的高度来进行,通过制度或学术等相关程序来建立相应的标准,将武术文化资源保护起来,并对武术文化传统充分重视起来,让传统武术继续保持生机。此外,还要研究传统武术文化的安全态势,特别要对外国破坏性掠夺传统武术文化资源,改变传统武术文化资源属性,歪曲传统武术文化资源审美和伦理意义的开发和使用所构成的传统武术文化资源安全危机态势进行研究,建立传统武术文化安全保障体系。[①]

(二)提升传统武术竞争力,唤起人们对传统武术的保护意识

传统武术是我国优秀文化的代表,传统武术文化是中华民族

---

① 李宁.中国传统武术可持续发展研究[D].山东师范大学,2009.

第八章　传统武术的可持续发展策略

集体智慧的结晶。在漫长的历史发展过程中,传统武术在振奋民族精神,丰富民族文化,增强民族体质,以及对保持国家和社会长治久安、巩固社会稳定方面都发挥着积极而重要的作用。传统武术有着很广泛的群众基础,原因有动作套路简单、朴实,跳跃动作少等,因此受众群体广,易于普及和推广,是广大群众进行运动健身的好手段,最为重要的原因是它出现和发展于民间。但到了21世纪,传统武术受到西方体育文化的影响及日本空手道、韩国跆拳道等的挤压,练武之人越来越少是个不争的事实,这对传统武术的发展产生了非常严重的影响,也使得保护武术文化等相关工作越来越艰难。

对于传统武术的保护来说,首要任务是让练习传统武术的人停止减少并逐步增加,让武术人才流失的现象得到遏制,让国人对传统武术重新唤起兴趣,开展保护传统武术的重要性和意义的宣传工作,同时,要开展相应的武术普及工作,比如在各学校、社区和村镇中进行武术讲座、组织武术社团、创办武术俱乐部等,通过表演展示等方式,来增强国人对传统武术的认知,从而进一步提高人们对传统武术保护的水平和素养。

(三)提高传统武术传承人的保护意识和保护水平

在发扬和继承传统武术文化的过程中,传承人起到至关重要的作用,因此,保护传承人,让他们发挥出自身的作用,是现实实践过程中的一个难点和焦点。传统武术的保护工作是一个长期的过程,并非一天就能完成,在保护工作上也不是只有保护传承人这一方面的任务。传统武术随着文化生态的影响和时代的更迭不断发生变化,其生存的社会环境和生存土壤也遭到很大的破坏,尤其是现在的年轻人,在传承传统武术遗产方面,根本没有保护的意识,对武术的认识越来越淡漠。此外,由于武术运动自身的一些问题,也造成了其在传承方面出现断层。综观历史发展,有很多优秀的文化曾经发展得无比强盛,但最终因为没有得到保护和重视而逐渐衰落、灭亡,也成为民族传统文化中永远的遗憾。

传统武术的继承和发展必须遵循"百花齐放,百家争鸣""古为今用""推陈出新"的方针,进而"有所发现、有所发明、有所创造、有所前进"[①]。根据传统武术继承人越来越少的现状,各个传统武术流派先要放下名利的争夺,要求同存异,招揽贤德之人,不断交流与合作。同时,动员一切可以发展起来的的力量来对这些优秀文化的杰出传承人进行保护,在经济上多予以帮助,让他们的生活得到保障,使他们能够将更多的精力投入到对优秀传统武术文化进行发扬和传承的工作之中。

二、全民武术,传统武术大众化推广

(一)传统武术大众化发展的必要性

经过了几千年的发展,传统武术发展出众多的流派,内容丰富,形式多样,特点突出,技术相对简单,套路不是很复杂,跳跃动作少,难度较低,这都为传统武术在社会中的推广和普及奠定了良好的条件,从而具有很广泛的群众基础。可以说,在全民健身运动服务中,传统武术是最重要的形式之一。此外,在20世纪50年代,竞技武术突然间异军突起,得到迅速发展,在进入21世纪后已达日臻完善的程度。但当我们在欣赏优美的武术套路表演的时候,难免会产生高处不胜寒的感觉。[②]虽然套路动作观赏性非常强,但并不是普通人能学习和掌握的,在普及的过程中展开工作的难度很大,对其大众化发展造成了很大的阻碍。

竞技武术的发展方向与所取得的成就有目共睹、无可厚非,致使我们担心很多濒临失传的传统武术拳种和武功会不会在我们这一代人手中消失;新编武术项目失去传统特色后将会沦为武舞,或者演变成中国式自由体操,或者异化为自由搏击。[③]

1996年,《武术套路竞赛规则》正式问世,对高难度动作进行加分,促使着武术套路竞赛不断向着更美、更难、更高的方向发

[①②③] 李宁.中国传统武术可持续发展研究[D].山东师范大学,2009.

第八章　传统武术的可持续发展策略

展,传统武术的技击性很难显示出来。在传统武术的技击结构方面,竞技武术套路对其进行过滤,为了增加动作难度,一些能够体现技击含义的套路动作逐步消失。在动作上失去了技击性,也造成了传统武术的根基被动摇,竞技武术也逐渐脱离了大众群体,成为追求西方竞技特征的"空中楼阁"。传统武术首先要接地气,适应民间群众的发展,同时,也要有健身价值,作为全面健身的重要内容之一,非常适合向全世界进行推广和普及。因此,只有牢牢地稳住传统文化的根基,中国武术才能获得更好的发展,所以,发展传统武术,弘扬传统武术文化是势在必行、大势所趋。

(二)传统武术大众化发展的现状

1. 学校武术教育亟待改革

早在 1916 年,武术就进入到了学校教育体系之中,在各个不同的时期阶段也相继编入了教学大纲和课程标准之中,并制定了相应的教材。现在,武术课程内容在中小学体育课中所占比例仅为 8%,一些学校从不开展武术课程和武术课外活动,这与武术发祥地的身份是完全不相符的。根据相关调查发现,在很多中小学中根本没有武术课。

如果在中小学中传统武术得不到发展与弘扬,那么对于传统武术的推广和普及是非常不利的。在开展武术课程的一些学校中,教学内容依旧是初级拳、初级剑和简化太极拳这些好几十年都一样的"老三样",面对新的教育形式和新的时代背景,已经过时了,需要进行相应的改革。针对过去传统武术套路教学,要进行武术教学改革,打破原有的套路束缚的观念,对整套动作进行提炼、精简,使其更加灵活,体现出技击性和攻防对抗性,这样既具有一定的趣味性,也简单易学,更容易受到学生的欢迎。

2005 年,国家武术运动管理中心对学校武术教育体系、模式和内容进行大刀阔斧地改革,学校武术教育的发展重新看到了希望。

2.传统武术自身问题阻碍大众化普及

近年来,在国家体育总局和中国武术协会的倡导下,全国各地逐渐兴起普及传统武术的热潮。但由于传统武术文化过于博大精深,以及在发展过程中出现的种种情况,在普及的过程中出现一个动作多种解释、动作技术各不相同、理论上众说纷纭的怪异现象,在动作上居然没有统一的规定和标准。构建相应的武术理论系统,统一规定相应的技术动作,并对武术加强科学研究,这也是传统武术普及工作的首要任务。

另外,只注重武术技术的发展,忽略了人的全面发展,造成诸多负面影响,这对发展武术运动是十分不利的,常说"武术既重武功,更重武德",所以,习武之人要注重文化修养。在传播武术技艺的过程中,武术的传播者也要将武术的内涵和中华民族传统美德向学员讲解,让每一个学习者不仅学到武术技术,还要学会修身养性的方法。

(三)传统武术大众化发展的对策及思路

当下,国家经济飞速发展,人们物质生活水平得到了很大的改善,但是物质生活的富裕导致人们出现了诸多现代文明病,如失眠、肥胖、压力过大、紧张、抑郁、疲劳等现象,而人们对健康也有了更多的需求,对健康的关注越来越多。由于传统武术具有动作简单、群众基础广泛等特点,受众群体涵盖所有年龄段,同时,与传统中医联系紧密,有着很好的养生功效,这也使得传统武术成为我国民族传统体育的重要组成部分。总体来看,传统武术对人的身心健康、个性发展以及得到品质的培养都有十分积极的促进作用。

1.传统武术科学化发展

形成于古代社会的中华民族传统武术,既有优秀的一面,也存在封建时代的糟粕。因此,要弘扬传统武术,就要科学地分析

第八章 传统武术的可持续发展策略

和研究,对于一些落后的、不科学的、与现代文明相悖的内容,要摒弃掉它们;而对于那些体现民族特色,融竞技性、健身性、艺术性于一体的内容,要采取积极弘扬的态度,做到立足现在,着眼未来,兼收并蓄,以完成传统武术的自我发展与超越。

大家要清楚,传统武术文化中不仅仅都是优秀的、适合于现代的文化,也有那些不科学的、鬼鬼祟祟的,带有迷信色彩的,神乎其神的东西,因此要把这部分内容摒弃掉,使人们能够更加客观、正确、科学地认识传统武术。只有相信科学,提高自身文化修养,才能够更加容易地信任、理解、普及传统武术理论,才能够使武术运动得到真正意义上的普及。这就要求在群众间普及健身知识,同时,还要对传统武术健身机理进行科学阐释,从而体现出传统武术的社会价值。对于传统武术的传授方法和作用,要通过运动生物力学、运动解剖学、运动生理学等的运用来进行解释,从而保证传统武术能够向着科学化的方向发展。

因此,要大力发展传统武术的科研活动。比如,提高武术科研人员自身的素质,还要加强高素质武术科研人员的培养;建立大型的传统武术科研基地,加强多学科、多方面人才的合作与交流;加强传统武术科研管理,国家下拨经费,进行设施和设备的建设;建立和完善传统武术科研网络,使武术科研信息的传播和武术科研的进程不断加快。

2.传统武术规范化发展

对于任何一项体育运动来说,竞赛是促使其得以快速发展的重要杠杆,也是提高运动员的能力与水平的重要渠道,也对体育运动进行了规范。和竞技武术相比,传统武术竞赛也有所区别,构建传统武术竞赛体制必须要以符合传统武术"体用兼备"的技术特征作为基础。具体来说,可以尝试以下做法:

(1)采取制定套路与格斗相结合的比赛方式,将套路与格斗分开进行各自的评分,让运动员同时发展套路与格斗。

(2)对报名方法、奖评方法、等级设置进行全面改革,以利于不同流派、不同拳种、不同风格特点的传统武术的发展。

（3）放宽政策，让民间人士也有资格参加不同级别的、各种不同形式的传统武术的竞赛活动。将竞赛方法和竞赛形式制定得灵活一些，把武术爱好者的主动性、积极性充分调动起来。

（4）为了全面振兴传统武术，在改革竞赛制度方面要采用统一的评判标准和竞赛规则。

3. 传统武术学校化发展

21世纪是一个科技与信息不断快速发展的时代，人类社会进入到了高度文明阶段。在当下，传统武术也要具有科学的发展观念，不能只是停留在一招一式的技术环节上，也不要来纠结传承与继承是否正宗上，更不要放在为了利益而打斗上，要对传统武术的时代价值进行充分挖掘，促使其向着学校教育发展，促使广大青少年接触并热爱传统武术文化，让参与武术的青少年不仅提高身体素质，也提高个人的人格品质和道德修养。

传统武术要对新的理念进行积极吸收，走科学发展的道路，构建出其自身的理论体系，并对技术体系进行完善等，这些才是真正的传统武术科学发展观。此外，对于传统武术，各体育院校的民族传统体育专业也应该采取积极措施，比如在高校中设立武术特长生，将那些优秀的武术人才招揽到高校中，让他们受到高等教育，从而使传统武术能够在院校之中得到更好的发展和继承，这样对武术文化的发展无疑是有益的。

4. 传统武术社区化发展

在大众健身活动中，社区体育是一个相对新颖的形式。对于传统武术来说，当仁不让地应成为社区体育的重要内容。随着现代社区体育的快速发展，为传统武术的社区化发展提供前所未有的良好条件。再加上传统武术有着浓厚的群众基础，这些都为传统体育的社区化发展提供了广阔空间；大力培养传统武术社区指导员，让社区指导员深入社区，普及和推广传统武术，并组建多种形式的传统武术培训班,从而更好地促进社区中传统武术的发展。

三、传统武术国际化发展

(一)传统武术国际化发展的现状

传统武术是中华民族传统文化的优秀代表,目前,在全世界范围内已经有了很响的知名度,并得到了世界各国人民的欢迎和喜爱。据调查发现,在世界上已有很多的国家和地区投入了人力物力来发展中华传统武术。例如,伊朗运动员获得世界武术锦标赛冠军后,伊朗政府奖励一万美元和住房,还有企业奖励一辆汽车;黎巴嫩修改国家奥委会章程,将武术与足球、篮球等热门项目一视同仁;在缅甸,传统武术的受欢迎程度不亚于足球,2004年第六届亚洲武术锦标赛就是在缅甸举办的。目前,武术在东南亚(如越南和泰国),甚至欧洲(如俄罗斯等),都相当有人气,水平在不断地发展和提高。[①]

对世界武术锦标赛进行系统整理,可以看出参赛人数和参赛的国家或地区均呈现不断增长的态势,许多国家都不断提高自身实力,从最开始的空手而归到后来逐步夺得奖牌,实现突破。就具体而言,世界武术技术水平在总体上是越来越高的,但在各个国家之间武术发展得很不平衡。比如套路技术一直是亚洲运动员的擅长项目,亚洲国家的优势十分明显,而在欧美国家的实力和水平则相对落后。在亚洲,发展较好的国家集中在中国和马来西亚、新加坡等那些华裔人口集中的国家,中亚国家和西亚国家的水平则很一般。

从举办过的武术比赛中可以发现,从气质上来看,南亚和西亚、中亚的武术套路选手与华裔选手有着很大的差别。很多外国运动员追求高难度动作和优美的姿态,但是对于武术套路中的各

---

① 李宁.中国传统武术可持续发展研究[D].山东师范大学,2009.

个动作与实战的关系却没有充分了解。了解动作的实战意义是武术运动员要明确掌握的,也就是要了解武术运动具有的丰富内涵。

1.宣传力度不够

传统武术作为一项体育运动,如果想成为世界风靡的运动,就必须要制定出相应的宣传策略,对传统武术进行科学的宣传。只有世界人民都了解中华传统武术了,那么传统武术才能在世界体育发展中占据一席之地。从历史发展中可以看出,我们中华民族在很早的时候就开始尝试对外宣传了。在2 000多年前,中日刚开始进行文化交流的阶段,我国的刀、剑就传播到了日本。这也算是进行武术宣传的一个雏形。如今,武术的宣传工作受到了充分的重视,并得以发展起来。

在近代的中国,中央国术馆和国立体育专科学校于1936年成立了"南洋旅行团",先后在新加坡、吉隆坡、金保、怡保、槟榔屿和马尼拉等地进行武术表演,传授拳技,获得了当地人民的热烈欢迎和普遍赞誉。[1] 同年,中国武术队在第十一届柏林奥运会上进行了精彩的表演,中华传统武术第一次登上世界的舞台。但就目前来看,传统武术的宣传依旧存在形式单一的问题,宣传方式依旧还是国际的交流、比赛和表演等。如今是科技和信息飞速发展的年代,要充分利用网络、媒体的积极作用。在宣传的深度上也只是对武术技术层面进行宣传,没有对中国传统文化进行宣传,从整个宣传来看,工作还有待提高。

2.传统武术的合格人才稀缺

传统武术在民国期间有了一个大踏步的发展,其中,中央国术馆是当时影响力较大的官办武术组织,同时,还有影响颇深的民间武术组织——精武体育会。此外,还有很多小规模的民间组

---

[1] 李宁.中国传统武术可持续发展研究[D].山东师范大学,2009.

织和武术研究组织。可以说,这一时期武术的大跨步发展,为传统武术之后的发展储备了大量的优秀人才和文献资料。

新中国成立以后,武术在为人民健康服务的政策背景下,逐渐朝着重套路、轻技击的方向发展,逐渐形成竞技武术一枝独秀,而重视技击价值的传统武术则受到了冷落。如今很多德高望重的老武术家相继去世,加上在"十年浩劫"中大量的传统武术资料被损毁,这对传统武术的继承是毁灭性的打击。这些损失是不可挽回的,所以,有人发出"传统武术快要灭绝了"的哀叹。如今,精通传统武术技艺和真正懂得传统武术理论的人是凤毛麟角。

3. 政府支持力度不够

一项体育运动若想得到更好的发展,这与国家的支持力度有着密切的关系。像羽毛球、乒乓球、跳水等传统竞技运动项目,之所以能在世界大赛上取得如此好的成绩,之所以能在全国蓬勃发展,少不了国家的投资扶持以及全国人民的支持。而传统武术在相比之下显得十分可怜,国家的重视力度相对不足,缺乏相关资金,没有政策扶持,缺乏优秀人才,这些都对传统武术的发展产生制约。

(二)传统武术国际化发展的对策及思路

1. 大力宣传中国传统文化

当前,传统武术文化传播所面临的重要难题有很多,分别是如何宣传传统武术文化,如何选择科学、具体的传播方式,如何解决好传播过程中遇到的冲突与共融。传统武术文化在国际范围内进行传播,实质上是一种跨文化传播,这时就会面临文化之间产生冲突的重要难题。因此,要在立足于国内的基础上,将传统武术积极稳步地向国外进行推广,并广泛开展国际之间的文化交流。此外,在体育发展政策上,国家还要有所帮扶,要大力弘扬、支持和协助传统武术的推广,并出台相应措施。在重视传统武术技术推广的同时,也要重视精神文化内涵的教育。不要忘了,传统武术的精髓和灵魂是形神兼备。

然而,现代社会文化的发展,纯粹独立的民族性文化已经是非常罕见了,如果过度沉迷于自我那就是夜郎自大了,相当于把自己禁锢起来,从而失去发展的机遇与动力。因此,在进行国际化推广的过程中,传统武术在自我超越的同时,也要充分了解世界体育的发展特征与发展潮流,争取做到创新与取舍和谐统一,从而更好地保证各个文化背景的人们都能认同传统武术文化。

在武术文化的传承上,学校是主阵地。作为武术教育的一般团体,我国目前最常见的式样是武校和国内的一些体育高等学府。[1] 在大中小学校中积极开展武术教育是传播武术文化的最好方式。目前,有很多国家都把武术作为一项课程纳入到学校教学体系之中,像日本的爱知大学,从 20 世纪 80 年代初期就开始举办"中国武术(太极拳)公开讲座",所有学生都可以来参加,免费学习,如今日本已有 8 所大学把武术作为正课内容。此外,缅甸、越南等国家也设有武术课程。

华人在全世界各地都有很大的影响力,世界各国的孔子学院和唐人街等设施已成为中国与世界经济文化进行交流的重要桥梁,也为传统武术的传播提供了重要的发展平台。在国外的这些华人聚集地,可以举办有关中国武术历史展览会,全面介绍传统武术的前世今生,并举办相应的武术表演和武术培训班,让世界各国人民了解传统武术,对传统武术文化加深理解。

2.加大宣传推广力度、深度和广度

扩大对外宣传的力度,让世界各国人民对武术有一个更加全面的认识。传统武术发育自中国的沃土,受各个历史时期特定的政治、经济、军事、文化、艺术、宗教因素潜移默化的影响,摄养生之精华,集技击之大成,纳文化之风韵,逐渐发展为

---

[1] 李宁.中国传统武术可持续发展研究[D].山东师范大学,2009.

第八章　传统武术的可持续发展策略

一项集稳定性、可变性于一体的动态开放的文化系统，这一独特的体系结构可以满足人民的各种需求。此外，世界文化在新世纪的融合更需要民族文化的个性发展，通过借助于报纸、网络、影视、杂志、广告以及向国外进行文化传播和技术输出等来进行宣传。

对驻外武术教练员、裁判员、播音员、科研人员、经纪人等进行培养。目前，我国在国外宣传武术方面还缺少合格的人才。合格的武术工作人员不但要具有本专业较高的技术和理论水平，而且要有很好的外语水平，只有这样才能与国外进行充分的接触与交流，才能让当地学生形成对武术运动的兴趣，从而使武术在国外的知名度迅速提高，普及和推广程度加大。

此外，也要对在中国生活的"老外"给予足够的重视，让他们既能够学习到真实的中国功夫，也要进行中国传统文化的教育工作，使外国宾客能够对中国武术有一个真正全面的了解，让他们回到自己祖国后对自己的亲朋好友进行宣传，从而为中国传统武术在世界范围的推广营造出一个良好的氛围。

参考文献

[1]汪珂永.中国传统武术文化与传承[M].北京:光明日报出版社,2017.

[2]陈姗.传统武术文化传承与发展研究[M].北京:人民日报出版社,2016.

[3]蔡利敏.传统武术文化透视与传承发展研究[M].北京:中国商务出版社,2016.

[4]郭振华.传统武术文化思想中的现代教育价值阐释[M].北京:光明日报出版社,2015.

[5]吕冬生.传统武术的文化内涵与创新发展[M].长春:吉林大学出版社,2014.

[6]周俊尧,谢志斌.传统武术文化与技术学练[M].长春:吉林大学出版社,2014.

[7]沈宁,李博,李文厚.传统武术文化新探与健身指导[M].北京:中国时代经济出版社,2014.

[8]李龙.深层断裂与视域融合 中国传统武术进入现代视域的文化阐释[M].北京:北京体育大学出版社,2014.

[9]蔡建丰,赵冲,杨连芳.我国民族传统武术及其文化的研究[M].北京:中国时代经济出版社,2014.

[10]刘洪燕.中华传统武术的文化阐释[M].长春:东北师范大学出版社,2013.

[11]栗小莹.武术[M].长春:吉林出版集团有限责任公司,2013.

[12]许海啸.全球化背景下对传统武术认同策略的构建[J].科技信息,2010(21).

[13]郭玉成.武术传播引论[M].北京:北京体育大学出版

社,2006.

[14]李宁.中国传统武术可持续发展研究[D].山东师范大学,2009.

[15]马艳.论传统武术的教育价值[D].山东师范大学,2008.

[16]燕东.武术与民族传统体育专业人才培养模式研究[D].北京体育大学,2014.

[17]刘闯.安徽省竞技武术后备人才培养现状调查分析[D].广西师范大学,2007.

[18]马文国.文化全球化背景下传统武术与竞技武术的冲突与共生[J].北京体育大学学报,2017(06).

[19]颜辉萍,张宗豪,李龙.论传统武术的竞技化发展[J].搏击(武术科学),2007(05).

[20]洪浩,郭怀.论传统武术竞技化[J].成都体育学院学报,2006(05).

[21]霍丕兰."十二五"期间竞技武术发展对策研究[D].山东师范大学,2010.

[22]程亚红.中国武术竞技化的反思——竞技武术之文化危机探析[D].曲阜师范大学,2005.

[23]段廷进.传统武术的概念界定和多元价值论[J].搏击(武术科学),2007(02).

[24]蔡纲,丁丽萍.中国武术的分类[J].上海体育学院学报,2007(05).

[25]林小美.大学武术[M].杭州:浙江大学出版社,2008.

[26]华博.中国世界武术文化[M].北京:时事出版社,2007.

[27]林泽胜.传统武术在高职院校体育课程中的开展与建设性研究[J].中华少年,2016(23).

[28]姜玉泽.传统武术的健身价值探析[J].聊城大学学报(自然科学版),2004(01).

[29]程传波,孙佳钰,文河保.牡丹江市传统武术开展现状与推广研究[J].知音励志,2016(11).

[30]陈忠丽.浅析当今中国武术的健身价值及发展[J].商,2016(06).

[31]詹莹莹.探索上海市普通高校武术教学内容新体系的研究[D].华东师范大学,2015.

[32]颜辉萍等.江苏省普通高校武术教育现状研究[J].搏击·武术科学,2015(08).

[33]王丽娜,宋伟.普通高校武术教学现状调查研究[J].中华武术·研究,2017(05).

[34]王平.湖南省普通高校武术教学的困境与出路[D].湖南师范大学,2012.